降本增效

落地、实操、案例一本通

何晓刚◎著

台海出版社

图书在版编目（CIP）数据

降本增效 ：落地、实操、案例一本通 / 何晓刚著.
北京 ：台海出版社, 2025. 4. -- ISBN 978-7-5168
-4186-0

Ⅰ. F275.3

中国国家版本馆 CIP 数据核字第 2025A1X130 号

降本增效：落地、实操、案例一本通

著　　者：何晓刚

责任编辑：王　艳　　　　　　　　　　封面设计：回归线视觉传达

出版发行：台海出版社

地　　址：北京市东城区景山东街 20 号　　邮政编码：100009

电　　话：010-64041652（发行，邮购）

传　　真：010-84045799（总编室）

网　　址：www.taimeng.org.cn/thcbs/default.htm

E - m a i l：thcbs@126.com

经　　销：全国各地新华书店

印　　刷：香河县宏润印刷有限公司

本书如有破损、缺页、装订错误，请与本社联系调换

开　　本：710 毫米×1000 毫米　　　　1/16

字　　数：180 千字　　　　　　　　　印　张：13.75

版　　次：2025 年 4 月第 1 版　　　　 印　次：2025 年 5 月第 1 次印刷

书　　号：ISBN 978-7-5168-4186-0

定　　价：68.00 元

降本增效既是护城河又是投石器

如果要评选近几年的热词，你认为有哪些？我认为"降本增效"算得上一个，可以预见的是，未来几年，降本增效仍然会被高频率提及。

大环境带来的不确定性因素越来越多，企业面临着前所未有的竞争压力，市场竞争的瞬息万变、消费者日益多元化的需求、生产成本的上升、发展资源的限制等问题日益凸显。且随着盈利能力的下降，可能随便一个小风险都会成为压垮企业的最后一根稻草。为了提高抗风险的能力，各大企业纷纷采取了降本增效战略。

但很多企业并不真正了解降本增效，因此在正式实施时反而使其成了"裁员、降薪、缩编、控制费用、强制加班"的代表词。这些措施短期内可能简单粗暴又有效，因此企业更加坚定地认为这就是降本增效，最终企业并未因为外部环境而倒闭，反而因为降本增效陷入了无法继续经营的危险境地。

所以，我们应当树立正确的降本增效理念，掌握正确的降本增效方法。当面临高增长不再、红利期退潮、"内卷"越发严重等现象时，企业才能真正地靠降本增效破局。

降本增效也需抓住主要矛盾，就可以避免在降本增效过程中南辕北辙、事倍功半，也能够为企业降本增效指明行动的方向。

要想抓住降本增效的主要矛盾，企业首先要明确：需要降本的环节有哪些？可以增效的方向是什么？

比如，成本管理是降本的重要环节之一，不管是生产成本还是管理成本，如果成本太高，就会造成企业利润的降低。这也是有的企业销售年年过亿，利润却少得可怜的原因。做好成本管理，企业就能在市场上以价格获得竞争优势。所以，最好的降本工作就相当于给企业挖了一条护城河，竞争者将很难打入城内。

降本重要，增效更为重要。增效，一方面是效益，另一方面是效率。如何增效呢？信息化建设、共享协同都是很好的切入点。把增效工作做好，企业就能敲开更高的"府城"大门，得到进一步的发展。

而盲目地局部降本，只会把增效变成"增笑"。因此，降本增效是一个系统工程，如果真的想要高质量降本增效，想要打造敏捷型组织，就要掌握正确的理念和方法。

第一章 找准降本突破点，激发增效动力源

第二章 成本管理：为什么你卖这么多还是不挣钱

降本增效：落地、实操、案例一本通

找准降本突破点，激发增效动力源

随着增长红利退去等内外环境的变化，整体商业增长趋缓，即使是头部企业也开始纷纷实施降本增效战略，对优势业务进行精兵简政，劣势业务裁撤关停。在此背景下，企业也逐步从规模扩展转向成本、效率、质量的比拼，开始聚焦核心业务的价值提升，致力于消除价值链上无价值的环节。

1. 战略引领，让降本增效成为企业真正的攻伐利器

随着我国经济的转型升级，降本增效已经成为企业发展的核心课题。所谓降本增效，简而言之，就是通过降低成本、提高效率等方式，实现企业的可持续发展。其内容主要包括两个层面：一是降低成本，二是提高效率。具体而言，降低成本涵盖了生产成本、运营成本、管理成本等各个方面，通过精细化管理、技术创新等手段，减少浪费，实现成本最优化。而提高效率则包括生产效率、管理效率、销售效率等方面，通过流程优化、团队协作、信息化建设等方式，提高企业的整体运营水平。

在当前行业"内卷"严重、竞争残酷的时代，降本增效对于企业的重要性不言而喻。

提升企业竞争力

由于受到各种"黑天鹅"事件（指极其罕见的、出乎人们意料的事件，通常会引起连锁负面反应甚至颠覆）的影响，当前各国需求萎缩，经济增长前景不容乐观。在这样的大环境下，企业面临着前所未有的经营压力。降本增效，有助于企业降低生产成本，提高产品的竞争力，从而在市场竞争中占据更有利的地位。

企业成功降低成本，就能在价格的竞技场上拥有更锋利的武器，在价格上展现出更大的优势，从而牢牢抓住市场份额。而增效可以为企业注入强大的动力，显著提高生产效率和产品质量，缩短交付周期，提供更快速、更高质量的产品和服务，增强企业在市场中的竞争力。

提高企业的盈利能力

降本增效，是开启企业财富增长大门的钥匙。降低成本，能够拧紧企业支出的水龙头，减少不必要的支出；而提高效益则打开了企业收入的阀门，可以源源不断增加收益的流入。两者相辅相成，共同作用，推动企业利润的飞速增长，显著提高企业的盈利能力。

例如，财务管理是企业的重要组成部分，而成本控制是财务管理的重中之重。企业在确保正常运营和产品质量的前提下，使用合理的管理手段，就能减少浪费；企业以利润为预算目标，结合财务能力进行预算编制，就可以确保各项经济活动都围绕利润的实现展开，提高盈利能力；运用集中管理和信息化手段，可以提高企业财务管理的运营能力与效率，更好地控制成本、降低费用，提升盈利能力。

促进企业的创新与发展

通过降本增效，企业可以释放出更多的资源和资金，用于创新和研发，进一步推动产品和技术的升级和创新，提高产品质量和附加值，拓展市场份额，实现持续发展。

在企业可持续发展的过程中，降本增效扮演着至关重要的角色。在资源日益稀缺的情况下，企业降低成本、提高效率，就能更加有效地利用资源，最大限度地减少对环境的影响，从而实现经济效益、社会效益和环境效益的完美统一。

更好地应对市场变化和风险

经济环境如风云般变幻不定，企业面临着各种各样的风险，降本增效可以降低企业的运营成本，提高企业的盈利能力，如同为企业打造坚固的铠甲，增强企业的抗风险能力。

市场环境不断变化，竞争压力不断增加，企业需要不断优化自身，提高应对市场变化和风险的能力。降本增效可以增强企业的灵活性和适应性，使企业能够更好地应对市场挑战和风险。

2. 为什么企业都在追求降本增效

2023 年 5 月，国家发展改革委、工业和信息化部、财政部、中国人民银行联合发布《关于做好 2023 年降成本重点工作的通知》，《通知》显示："坚持降低显性成本与降低隐性成本相结合，坚持降本减负与转型升级相结合，确保各项降成本举措落地见效，有力有效提振市场信心。"

降本增效是一种企业管理战略，是指通过优化流程、降低成本、提高效率等方法来实现企业盈利的目标，为企业的可持续发展提供支持。降本增效是传统企业的核心经营理念之一，而近些年已发展至各行业，即使是前些年那些动辄融资几十亿、上百亿的互联网公司，现在也把降本增效奉为经营战略之一。

2022 年，腾讯音乐实现年营收 283.4 亿元，同比下降 9.3%，归属股东净利润 36.8 亿元，同比增长 21.4%。这是腾讯音乐上市以来首次营收下滑，不过，我们从数据中可以发现，其归属股东净利润却出现了增长。出现这种情况，是因为腾讯音乐实施了降本增效的企业战略。

在降本增效战略下，2022 年腾讯音乐营业成本同比下降 10.4%；经营开支总额下降至 55.6 亿元，占总收入的百分比同比下降 2.1%；毛利率从 2021 年的 30.1% 增长至 31.0%。

这就是各大企业都在追求降本增效的原因之一，虽然营业额少了，但实际利润却增加了。

除此之外，各大企业追求降本增效，甚至大规模裁员，背后还有更为深层的原因，尤其是那些曾经疯狂增长的互联网或新兴科技企业。

行业周期已到，流量红利消失

任何行业都有周期，比如 2020 年之前的互联网产业是新经济的代表，已处于风口 20 余年，其间经历了 PC 互联网、移动互联网、产业互联网、互联网＋等发展阶段。但随着新技术的出现，互联网对社会新基建的使命完成，互联网的行业周期已到，很难再获取能带来高增长的流量红利。如果互联网企业想要持续生存，就需要完成自我再进化，要从疯狂扩张和获取用户的战略，回到稳定经营上来。

野蛮生长时代结束

企业走过了从 0 到 1 的发展阶段，再到 1+N 的扩张阶段，就很容易走入另一个极端——大公司病。大公司病是指企业随着规模的扩大，出现了机构臃肿、官多兵少、形式主义、办公室政治、人才流失、流程烦琐、决策缓慢等问题，这不仅对企业的竞争力造成了极大的影响，也影响到了企业的盈利能力。因此，切换管理模式，转变做事方式，回到企业的原本属性——经营，才是长久之道。

字节跳动在几年间迅速发展成为互联网企业巨头，也出现了一定程度的大公司病。为此，创始人张一鸣下定决心进行大改革。他在公司九周年年会上念了一段员工报告的内容："底层逻辑是打通信息屏障，创建行业新生态。顶层设计是聚焦用户感知赛道，通过差异化和颗粒度达到引爆点。交付价值是在垂直领域采用复用打法达成持久收益。抽离透传归因分析作为抓手为产品赋能，体验度量作为闭环的评判标准。亮点是载体，优势是链路。思考整个生命周期，完善逻辑考虑资源倾斜，方法论是组合拳达到平台化标准。"

他批评这类报告高大上词汇堆砌，虽然显得高深莫测，但实际上对用户、对产品毫无价值，这种"不说人话"的作风，会严重影响企业发展。

增强企业市场竞争力

企业的市场竞争力不仅来自核心技术，更在于价格，尤其是在经济下行的大环境下。企业通过实施降本增效策略，能够有效降低生产成本与运营费用，从而在保证产品质量的同时，拥有更大的价格调整空间。这种调整方式能够通过价格来吸引新客户，巩固老客户，提升市场份额。比如，某制造企业为了降本增效，引进了智能化管理系统，并借助配套的管理变革，如流程优化等，有效降低了制造成本、管理费用及产品缺陷率，从而降低了单位产品的制造成本，使产品价格在市场上更有竞争力。

应对市场的不确定性

随着经济环境与市场环境的快速发展，企业比以往面临着更多不确定性，通过实施降本增效策略，企业可以增强自身的抗风险能力，从而更好地应对市场风险。在经济下行期，成本控制得当的企业能够保持盈利能力，甚至逆势增长；在市场环境突变时，企业也能迅速调整策略，保持竞争力。同时，通过对资金、人力、物力的优化分配，企业能识别并避免浪费，将资源投入更安全且有价值的领域，如市场拓展、产品研发等，实现资源价值的最大化。

3. 一切商业竞争的本质都是效率之争

竞争是资源稀缺社会的生存法则，也是自然演化中的物竞天择，尤其在商业社会中，企业要想长存，就必须学会竞争。但想要在竞争中取胜，必须满足两个条件之一——更好或不同，而要想具备这两大条件，就必须发展出两种核心战略，即成本领先和差异化。

关于后者，只要时间一长，总会出现同质化竞争，企业唯有拼效率，追求极致性价比，成为成本领先者，才能获得胜利。

为什么拼多多能后来居上？原因就是在电商行业开始同质化竞争后，拼多多抓到了消费者需求的本质——追求极致性价比，成了成本领先者。

用效率改变低价带来的低利润

小米的产品，不管是手机、家电还是新能源汽车，均获得了极大的成功。而成功的秘诀，雷军在一次演讲中告诉了我们："中国制造业非常厉害，但是为什么在中国买到的很多产品不够好，而且价格比欧美还贵许多？

"我专题研究了这个问题，得出的结论是中国制造业并不是做不出好东西，主要问题是怎么改善品质、提高效率，核心是要从杀价变成如何提质增效。所以我决定尝试用互联网模式来做实体经济。"

确实，只要买过小米的产品，不难发现它确实是同类产品中物美价廉的，同样的质量，比其他产品的价格更好。但小米并没有因价格而"伤敌一千自损百八"，因为雷军采取的互联网模式提高了企业的效率，企业效率的提高意味着成本的降低。在其他企业因为持续不断的价格竞争而失去利润时，小米仍然可以获得利润并在竞争中胜出。

所以，商业竞争的本质就是比效率，谁的效率高谁就能成功。

创新技术提高效率

人类社会在不断地进步，发展到如今更是物质大丰富的时代。这并不是因为人变得更聪明或更勤奋了，而是因为人类懂得不断地创新技术，并用在物质生产上。就像是农业社会，只有牛和篱笆，即使人们日日耕耘，也很难解决温饱，而使用现代机器，一个人一天就能生产几十吨的粮食。

由此可见，技术比人对效率的影响大得多，不过技术的先进程度决定了生产效率的天花板，如果技术确定，不管人多么努力、多么熟练，生产的效率都有上限，只有创新技术才能达到更高的效率。

回溯人类发展史，有许多通过创新技术来提高效率，从而降低生产成本的例子。从八百里加急到电报再到电话、电子邮件、QQ和微信，人类不断创新信息传递的方式，目的是什么？就是通过提高效率来降低信息传递的成本。

效率就是把事情简单化

如何有效提升效率，让每一分努力转化为最大的成果，成为许多企业的关注焦点。把事情简单化正是通往高效之路的一把钥匙。那么，如何把事情简单化？可以参考以下两种方法。

方法一：减少不必要的信息输入。认知理论指出：人类的认知资源有限，当接收的信息量超过个体处理能力时，就会产生认知过载，导致决策缓慢，错误率上升。减少不必要的信息输入，可以有效降低认知负荷，提升人们的工作效率。

比如苹果的 iPad，一度被人称为"傻瓜产品"，这并不是贬低，而是因为它删掉了所有不必要的操作环节，即使是"傻瓜"也懂得操作。

方法二：如无必要，勿增实体。中世纪哲学家维廉·奥康提出这一名言，强调了简洁在思考和行动中的重要性。所以，我们在解决问题或是设计产品时，应尽量避免冗余，尽可能保持其简单性，以提升效率。

乔布斯在 1997 年重回苹果接任 CEO，面对的第一个难题就是挽救年度亏损 10.4 亿美元且濒临破产的公司。为此，他的第一个行动计划就是把 14 条生产线砍至 4 条，同时砍掉相关的资源支持。这 14 条生产线非常混乱，其中还包括苹果不擅长的服务器与打印机。乔布斯认为，这些生产线是影响公司生产效率、加大公司运营压力的罪魁祸首。事实证明，乔布斯的做法非常正确，仅一年时间，苹果公司就扭亏为盈，年盈利达 3.09 亿美元。

4. 企业在降本增效中遇到的痛难点

当高速增长不再持续时，企业内部的问题就会逐渐暴露，甚至变得越发严重，成为影响企业盈利与发展的最大障碍。为扫清这一障碍，各大企业纷纷开始实施降本增效战略，然而，在实施的过程中，企业却遇到了各种各样的痛难点。这些痛难点不解决，企业的降本增效战略就很难继续执行下去。

成本识别难

都知道要降低成本，但是要降低哪些成本？不少企业一味地追求降低成本，最终影响了产品的质量或企业的运营效率。一般来说，成本识别的难点主要表现在以下四个方面：

（1）隐藏成本难发现。企业在日常经营中，可能存在各种形式的浪费和低效，比如原材料浪费、设备空转，这些成本可能较小而难以发现，但长期来看对企业经济效益会产生的影响却很大。此外，还有一些如管理费用、销售费用、研发费用等间接成本，是企业总成本的重要组成部分，有些企业却并未将之计入产品成本。

（2）成本核算准确性低。主要表现在两个方面（见图1-1）。

（3）成本分摊不合理。因为分摊方法错误、依据不明，影响企业成本分摊结果的准确性，最终将对企业的成本管理和决策产生负面影响。比如水电费、房租等公共费用的分摊标准不明确，导致不同部门间的成本分摊不合理；或企业采用的分摊方法过于主观，导致成本分摊结果失真。

（4）特殊成本难确定。比如原材料价格、人工成本会因市场因素而变化，如果企业无法及时捕捉变化并做出调整，会导致成本识别不准确；比

9

如某些产品可能具有独特的生产费用，如使用特殊生产材料，如果企业未将这些费用单独确认并计入成本，也会导致成本识别不准确。

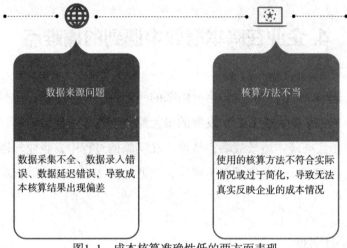

数据来源问题

数据采集不全、数据录入错误、数据延迟错误，导致成本核算结果出现偏差

核算方法不当

使用的核算方法不符合实际情况或过于简化，导致无法真实反映企业的成本情况

图1-1　成本核算准确性低的两方面表现

决策执行难

很多时候，企业决策是正确的，但是结果偏偏出现了错误，最主要的原因就在于执行，再好的决策如果得不到好的执行也无用。企业降本增效的战略也是如此，管理层经过谨慎的内外部调查、各种会议讨论、方案设计，才制定了一个合理的降本增效战略，但执行不到位，企业的降本增效战略只能以失败告终。

这种情况并不在少数，比如某主营汽车零部件的传统制造公司，虽然是行业内的老牌企业，有一定的市场知名度，但是随着近些年行业竞争加剧、原材料价格上涨及劳动力成本的上升，虽然销售量连年上涨，但企业的利润却一年比一年低。为了改变利润空间被严重挤压的状况，企业高层决定实施以"精益生产"为核心的降本增效战略，希望通过流程优化、人效管理、消除浪费等方式提升企业利润，并设立了具体目标——一年内通过精益生产减少20%的浪费，提升15%的生产效率，并确保产品质量。

战略是正确的，目标是合理的，具体方案也是可执行的，但就因为以下三个原因导致执行不到位，最终使企业的降本增效战略失败。

第一，老员工信任度低。部分老员工认为新的生产方式会增加自己的工作量，因此在执行过程中出现消极怠工现象。

第二，各部门协作不畅。一个企业的决策，需要各个部门来配合，尤其是降本增效战略，它涉及供应链、生产、质量、工程、销售、客服等各个部门，但因各部门间沟通不畅、利益冲突等问题，导致决策难以执行。

第三，核心人员支持不足。虽然企业高层定出了决策方向，但在具体实施时，负责执行该决策的核心人员对降本增效理解不到位，从而缺乏有效的指导与监督，使得执行方向出现偏差。

员工接受难

"人心是最为复杂的，也是最难掌握的"，任何一个小的变化都会引起人的心理变化。而降本增效往往伴随着企业内部的改变，这通常会引起员工的抵触心理，从而抵抗该战略的执行。具体表现在以下三个方面：

第一，存在认知偏差。不少员工将降本增效简单地理解成削减成本或开支，从而认为这会影响到自己的薪酬、福利或是工作岗位，尽管一些企业确实存在通过裁员来缩减成本以达到短期降低成本的目的。

第二，信息不对称。当企业在制定和执行降本增效策略时，并未充分听取员工的意见和建议，也未及时公开透明地向员工解释实施降本增效战略的目标、意义和具体方法。这种信息不对称会导致员工对降本增效产生误解，从而产生抵触情绪。

第三，利益冲突。降本增效战略一旦实施，必然会触及部分员工的利益，这种利益冲突会导致员工的抵触性更强。降本增效的实施不应建立在损害员工利益之上，即使会有所触及，也要在实施过程中做好相应的补偿。

5. 降本增效是减动作，而不是减人

大环境不好的时候，生存就是主旋律。虽然人人都在说降本增效，但有的人的降本增效是砍掉生产线，而有的人却是轰轰烈烈搞裁员，结果搞得人心惶惶，给企业埋下了巨大的隐患。后一种做法极为错误，真正的降本增效不是减人，而是减动作。

那么，如何减动作？

减掉组织内的多余层级

部分企业在发展过程中容易得大公司病，甚至有些不超过百人的公司就有七八个层级，而这种组织的臃肿导致了以下三种现象的产生。

官僚主义：层级过多产生虚职与闲职，不着重于为企业创造价值，而是想着个人利益，滋生"官本位"思想。

信息损耗：信息在传递的过程中是有损耗的，信息传递的层级越多，传递出错的可能性越高。

效率低下：公司下达任务时，需要经过层层部署，完成任务后又要层层审批，办公效率低下。

这些现象虽然不会马上让公司出现严重问题，但其带来的成本压力累积到一定程度可能会导致公司倒闭。所以，降本增效的第一个动作就是减掉多余的层级。

减掉组织内的多余层级是实现降本增效的重要策略之一，它有助于提高决策效率、加快响应速度、消除官僚主义、降低管理成本并增强组织的灵活性。具体的操作如下：

第一，对组织的长期目标和短期目标进行定义，识别哪些层级对实现这些目标是必要的、哪些是冗余的。

第二，对现有组织结构进行全面审查，识别哪些层级官僚主义严重、信息传递效率低下、资源配置不合理，将这些层级砍掉或是重新优化。

第三，对相似或相关的职能部门进行整合，减少职能重叠与冗余。

海尔如今能成为世界级的企业，但没有出现大公司病，是因为它早早就意识到了这一点，早在 2012 年，海尔就取消了 12000 名中层管理部门的管理人员，并缩减了不必要的管理岗位。海尔要求"要从十层管理层级变成五层"。

减掉组织的多余流程

我们经常碰到这样一种情况：明明是一件很简单的事情，却需要非常复杂的申请材料，而每份材料都要去不同的部门申请，部门层层审核后，才能获得这一份材料。一件事情办完，快则一月，多则半年。这种情况对于需要跟上多变的市场的企业来说是致命的。所以，企业要想实现降本增效，第一件事就是减掉多余的流程。

减掉组织的多余流程，可以实现以下目标：

第一，缩短响应时间。多余流程会带来烦琐的审批、重复的信息传递以及不必要的等待时间。当企业面临市场机遇或紧急情况时，就可能导致企业错失良机或无法及时响应客户需求。减掉多余流程，可简化不必要的工作环节，使信息传递更顺畅，企业响应更快。

第二，提高盈利能力。多余流程会增加人力、物力和时间成本，还可能导致资源浪费。比如过多的审批环节就会增加管理成本。减掉多余流程，可以降低这些成本，提高企业的盈利空间。

第三，提高员工满意度。多余流程会给员工带来额外的压力，他们需要花费大量的时间和精力在不必要的环节上，感受到了极大的束缚。在这种情况下，他们可能会产生抵触情绪或离职倾向。减掉多余的流程，可减轻员工压力，提高其满意度。

减掉组织内的多余管理

过度管理，是部分公司存在的问题。过度管理的典型表现如下：

第一，开会多。部分公司，不管大小事都要开会，甚至一天开好几次会，一次开一两个小时。公司用于开会的时间远大于真正工作的时间。

第二，报表多。报表是公司正常的管理手段，它可以帮助公司做好过程管理。但是，一些公司，员工有一半的时间都在填写各种报表，把各种动作细化并落实到纸上，这不是有管理、有秩序的表现，反而更倾向于形式主义。

第三，考核多。考核是每家公司评价员工表现、制定薪酬机制的有效依据。但过度的考核，则会让员工增加压力，日调度、周评比、月总结，考核层出不穷，有些考核的内容甚至不看销售的业绩。

6. 四增法则：增值、增量、增效、增利

随着市场竞争的加剧，各大企业"内卷"的情况也越来越严重，产品同质化、价格战已是常见手段，伴随"内卷"而来的就是企业竞争力被削弱。因此，各大企业都期望用降本增效来实现突破。然而实际上，很多人只做到了前两个字，而忽略了后两个字——增效。

增值：以创造价值为导向

增值是降本增效的核心之一。如何增值？就是企业在运营过程中要以面向结果和价值为导向，同一件事要比过去做得更好、更有价值。直白地说，是让员工在同样的时间内创造更多的价值。要做到这一点，企业需关注三个方面（见图1-2）。

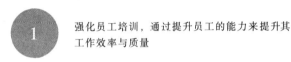

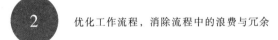

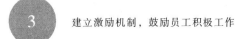

图1-2　企业增值需关注的三方面

增量：量化工作结果

增量是要求员工在同样的时间内完成更多的工作，并获得更好的成果。但需注意，这不是建立在压榨员工的劳动力上，而是要企业对工作结果进行量化。量化工作结果可以起到几个方面的作用（见图1-3）。

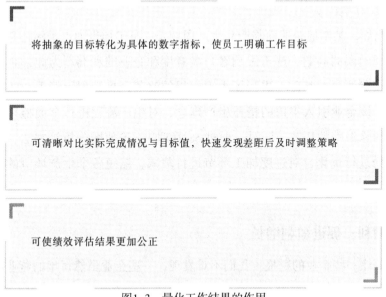

图1-3　量化工作结果的作用

某生产精密机械零部件的制造企业，就是通过量化工资结果来实现企业工作结果的增量的。它把工作目标进行了具体的量化，主要包含四个维度：

维度一：财务，其具体指标包含成本降低率、利润提升率；

维度二：客户，其具体指标包含客户满意度、客户投诉率下降；

维度三：生产，其具体指标包含生产提升率、废品降低率、库存周转率；

维度四：成长，其具体指标包含员工培训时长、技能提升率。

增效：提高工作效率

不少企业喜欢加班制度，甚至把加班时长纳入考核体系中。但也不难发现，这些加班的时间并不能给企业增加多少效益，甚至还会影响到正常工作时间里的工作效率。此外，公司还需要为此付出加班费、电费、晚餐费、打车费等一系列额外费用，增加了不少支出。所以，如无必要，企业还是尽量不要设置加班制度。同时，还要通过合理科学的方法，提升企业的人效、产效。

比如，某制造企业面临产品生产周期长、员工加班加点干活还是存在交货期延误的问题，严重影响客户满意度和企业的利润。为此，企业内部在充分调研的基础上进行了大刀阔斧的改革，将管理运营重心放在增效上。该企业引入丰田的精益生产理念，对生产流程进行全面梳理，识别并消除浪费的环节。同时，通过5S管理①、价值图分析等方法，对生产布局进行优化，对过度加工环节进行裁减，缩短各个生产环节的等待生产。

增利：促进盈利增长

关注一些企业的财报，我们不难发现，一些企业虽然每年的营业额都在增加，但利润却并没有提高，而有些企业虽然今年的营业额比去年低，

---

① 5S是指在生产现场对人员、机器、材料、方法等生产要素进行有效管理。

但纯利润却比往年高。其实，背后的关键就在于增利。

比如亚马逊，它是通过降低成本的方法来提升盈利的。亚马逊通过先进的库存管理系统及大数据分析技术，对库存和销售数据进行跟踪，以调整销售方案。同时，通过预测模型来预测未来需求，据此结果调整库存品类及规模，消除了库存积压与浪费。因此，亚马逊的库存周转率非常高，减少了资金占用及财务成本。所以，即使电商行业竞争激烈，亚马逊也依然能牢牢占据全球电商的领先位置。

7. 价值流分析，寻找结构性降本策略

在竞争激烈的商业环境中，企业面临着不断降低成本和提高效率的压力。为了实现这一目标，价值流分析成了一种有效的方法。通过深入分析企业的业务流程，识别和消除非增值活动，就能帮助企业优化流程、降低成本，并提高产品或服务的价值。

什么是价值流分析？

从本质上来说，价值流是企业的一个生产经营过程，体现在产品流、物流、资金流、工作流和信息流中，并经过一系列增值环节，形成企业最终价值。因此，以企业各种"流"为切入点，寻找压缩成本之道，也是实现成本管理的有效途径。

（1）产品流。对于产品流，在产品开发、设计、生产、完工等过程都要降低隐形的浪费，如控制原材料采购费用、减少半成品搁置时间等。

（2）物流。对于物流，要减少产品转移中的程序，以达到降本目的。

（3）资金流。对于资金流，可以采取信用政策、逾期加息等方法，对应收账款进行管理。

（4）工作流。对于工作流，要发挥每个人的潜能，激发创造力，合理

设置岗位，杜绝人力资源浪费，并通过激励机制提升员工效率。

（5）信息流。对于信息流，要充分利用互联网的传播作用，发挥信息技术职能，降低信息浪费。

总之，价值流分析是一种系统的方法，关注流程中的每个环节，包括设计、生产、物流和销售等，可以识别非增值活动和浪费，找出改进的机会。其核心在于，从客户或利益相关者的角度出发，描述企业如何创造、传递和捕捉价值。

价值流分析的意义

通过识别和消除流程中的浪费，企业可以减少不必要的工作、降低库存水平、缩短交付周期，并提高产品或服务的质量。如此，不仅有助于降低成本，还能增强企业的竞争力和市场地位。

（1）价值流有助于形成共同语言。通过对流程中浪费的识别，团队成员就能对问题达成共识，形成统一的认识。这种共同语言，可以促进团队成员之间的沟通和理解，使他们更有效地协作，共同解决问题，更有凝聚力，提高工作效率。

（2）价值流有利于达成共识。价值流分析能够深入揭示问题的本质和根源，使团队对问题及其优先级有清晰的认识。通过可视化展示价值流，团队成员就能直观地看到各环节的关系，更好地理解问题的影响，明确解决问题的必要性，避免各抒己见带来的混乱和冲突，使团队更加高效地做出决策。

（3）价值流能够引导企业从救火式的工作方式转变为磨刀砍柴式的工作方式。通过绘制现状图，企业可以全面了解当前流程的状况，包括存在的问题和浪费。设定明确的改进目标和方向，就能更加有序地推进工作，避免盲目行动。

（4）价值流强调整体优化而非局部优化。通过识别和消除整个流程中的浪费，就能实现全面的优化，避免局部优化可能导致的其他问题，确保企业的各部分协同运作，提高整体效率。

（5）价值流与战略协同紧密相关。对价值流的分析和优化，可以确保关键流程的顺畅运行，支持战略目标的实现，使企业各项工作与战略紧密结合，为实现长期目标提供保障。

价值流分析并优化的步骤

步骤一：绘制价值流图。首先，绘制详细的价值流图，包括流程中的每个步骤、信息流和物流。

步骤二：识别浪费和非增值活动。在绘制价值流图的过程中，识别流程中的浪费和非增值活动。

步骤三：分析流程数据。收集和分析流程中相关的数据，如周期、生产率、质量指标等。通过数据分析，确定哪些环节导致了高成本和低效率。

步骤四：制订改进计划。基于分析结果，制订具体的改进计划。这可能涉及流程优化、自动化技术的应用或供应链改进等。

步骤五：实施改进措施。将改进计划付诸实施，并持续监测和评估效果。在实施过程中，要与相关部门和团队进行合作，确保改进措施的顺利进行。

步骤六：持续改进。价值流分析是一个持续的过程。定期进行价值流的更新和分析，就能识别新的改进机会，并不断优化流程。

8. 强化研发管理，从源头上开始降本增效

企业要想获得持续的成功，就要不断进行技术研发，提升产品或服务的竞争力。

一个产品的诞生源于研发设计，当它被设计出来时，器件成本、运输成本、维护成本等基本就确定在一个范围内了，基本上决定或影响着这款

产品的成本属性和降本空间。所以，在研发阶段如何去设计产品，是控制成本的一个环节。

研发就是最初始的优势环节，也是决定后续能否实现持续降本的关键环节。

技术研发环节常见的降本增效措施

（1）项目规划。

①研发可行性研究或分析。在进行技术研发之前，要对项目进行全面的可行性研究或分析，以确保项目具有较高的成功率。通过市场调研、技术评估等手段，了解项目的市场需求、技术实现的可能性以及竞争对手的情况，从而制订更加合理的研发计划。

②项目立项审批。企业应建立完善的项目立项审批流程，确保项目符合企业的战略发展方向，同时对项目的投资回报率进行评估。通过严格的审批流程，避免一些不必要的研发项目，降低成本。

③目标成本管理。在技术研发过程中，企业应设定明确的目标成本，并对研发成本进行实时监控。通过有效的目标成本管理，避免研发过程中的浪费现象，降低成本。

④导入价值工程。价值工程是一种以提高产品价值为目标的综合性分析方法，企业可以将价值工程引入技术研发环节，分析产品的功能与成本之间的关系，寻找提高产品价值的途径。通过降低成本、优化产品设计等方式，提高产品的竞争力。

⑤研发项目预算管理。建立完善的研发项目预算管理制度，对项目的预算进行精细化管理。通过对研发项目的投资额、人力资源、物资等方面的预算进行合理分配和控制，确保项目按照计划进行，提高研发效率。

（2）项目进度管理。

①项目计划与跟踪。企业应建立完善的项目计划和跟踪体系，确保项目按照计划进行。同时，实时监控项目进度，及时发现和解决问题，避免延误。

②并行设计。在技术研发过程中引入并行设计理念，通过多学科团队协同工作、并行工程等方法，缩短产品开发的周期，提高研发效率。

③内部研发竞标。开展研发竞标活动，鼓励不同部门或团队之间互相竞争，以最低的成本、最短的时间提供最优的解决方案。通过内部竞标，激发员工的创新精神，提高其工作积极性，提高研发效率。

④研发合作与外包、众筹。采取与外部合作伙伴合作、将部分研发任务外包、通过众筹平台筹集资金等方式，降低研发成本。同时，借助外部资源，加速技术研发进程，提高效率。

（3）项目成果转化。

①申请专利。对于具有创新性和实用性的技术成果，企业应及时申请专利保护，提高企业的知名度，吸引更多的投资和合作伙伴，同时防止他人侵权使用企业的技术成果。

②限制同业竞争。在技术研发过程中，企业应关注竞争对手的动态和技术进展情况。对于可能对自身产生竞争压力的技术成果，采取限制同业竞争的措施，例如，签订保密协议、设立排他性条款等，保护自身的利益和市场地位。

③技术出售、出租。将部分技术成果出售或出租给其他企业或机构使用，可以获取一定的经济回报。通过技术出售或出租，加速技术的推广和应用，同时为企业带来额外的收入。

④技术入股、使用权入股与其他投资方式相结合。通过技术入股或使用权入股等方式与其他企业合作，共同开发新产品或服务市场，可以实现资源共享和优势互补，提高企业的市场竞争力，同时也为企业带来更多的投资机会和收益。

（4）考核与激励。

①项目进度和预算考核。在技术研发环节，通过项目进度和预算考核来确保项目的顺利进行。通过对项目进度和预算的定期评估和反馈，及时发现问题并采取相应的解决措施。

②产品未来盈利激励。通过产品未来盈利，鼓励员工关注长期效益；

设定合理的奖励机制，激发员工对产品未来盈利的关注和投入，提高企业的整体效益。

总之，技术研发环节的降本增效是一项综合性的工作，要时刻关注研发环节的成本控制，确保企业的利益最大化。

降低产品研发成本最有效的方法

产品研发和优化的目的是在不影响产品功能的情况下降低产品的总成本，那如何才能降低产品研发成本呢？

（1）简化解决方案。成本和质量是决定企业市场地位的两个关键因素，因此，有明确的想法并制订一个可实现的计划也就成了实现想法的基础。使用一套技术和工具来识别潜在问题，并在制造前采取预防措施，有利于预期目标的实现。例如，采用更简单的解决方案，减少总体项目成本。

（2）规划生产流程。产品研发，首先要进行必要的研究，为产品决策提供信息，包括预测目标受众对新产品的反应、改进产品并吸引客户，以及确保所有设计都指向正确的方向。

（3）原型设计。产品研发过程的原型设计，可以识别产品设计中的缺陷，并在产品上市前进行修复，可以实现相当大的成本优化。

（4）方法正确。使用专门的设计方法，就能将产品创造的容易性置于其他因素之上。

（5）改进产品。在整个产品设计过程中，要考虑到产品的每一项功能，并丢弃那些不能改善产品或为消费者增加足够价值的功能。

（6）使用专家。项目的成功与专家参与存在相关性。每个项目都必须有一位产品研发专家，因为熟练的设计师对于为产品找到最佳解决方案至关重要。

9. 创新创造，利用创新思维驱动降本增效

为了保持竞争力并实现可持续发展，降本增效成了企业不可或缺的战略选择之一。然而，传统的降本增效方法往往局限于优化现有流程和削减成本，难以带来突破性的变革。只有使用全新的思维方式，才能应对这一挑战。

归零思维

归零思维是一种独特的思维方式，它要求我们将自己视作初学者，放下原有的知识和经验，以全新的视角去理解和解决问题。这种思维方式需要抛开先入为主的观念，以更加开放和接纳的态度去面对新的事物和挑战。

在归零思维中，我们要做到心中无我，不被个人的主观意识和偏见所束缚；不被物质利益所左右，专注于问题本身；不盲目比较和跟风，保持独立思考；不依赖他人的评价和认可，坚持自己的判断和选择；同时，保持学无止境的态度，持续学习，不断进步。

为了降低产品开发成本，归零思维要求放下已有的观念和解决方案，摆脱固有思维的限制，重新审视问题本身，找到更加创新和有效的解决方法，发现新的可能性和机会。

总之，归零思维不仅是一种思考方式，更是一种勇于挑战自我、追求卓越的生活态度。在这个过程中，人们不仅可以提升思维能力和解决问题的能力，更能重新定义问题、打破常规、推动技术创新，实现产品开发降本增效的成果，为企业提供宝贵的经验。

技术创新

（1）技术创新。通过技术改造升级、研发创新，帮助企业开发新产品、拓展新市场，增强市场竞争力，大幅提高生产效率，降低人力成本。

企业可通过以下几个方面强化技术创新：

①研发投入。加大研发投入，提高研发人员待遇，激发创新活力。

②开放合作。与高校、科研院所开展产学研合作，共享研发资源，降低研发成本。

③技术引进。积极引进先进技术，提高企业的技术水平。

④知识产权保护。加强知识产权保护，防止技术外泄，降低技术侵权风险。

（2）智能化转型。智能化转型是创新型企业降本增效的未来趋势。企业可通过以下几个方面推进智能化转型：

①生产线自动化。引进先进生产线，实现生产自动化，提高生产效率。

②数据化管理。利用大数据、物联网等技术，实现企业数据化管理，提高决策效率。

③人工智能应用。开发人工智能应用，提高企业智能化水平。

④虚拟现实。利用虚拟现实技术，优化产品设计，降低研发成本。

10. 他山之石，借助外力驱动内部降本增效

企业想要扩大生意、抢占市场，选择合作伙伴是至关重要的。任何一家企业的资源或能力都是有限的，优秀的企业善于借助或整合外部资源、力量强大和发展自己。比如企业在实现降本增效的过程中，借助外部的专业机构或人员，为其提供专业的策略、方法或工具，推动内部相关的管理变革和创新，可以达到事半功倍的效果。

选合适的合作伙伴

合适的伙伴能够帮助企业快速成长，而错误的选择则可能导致资源的浪费甚至企业的衰败。因此，企业在决定与谁携手共进时，必须慎重考虑，绝不能盲目行动。

（1）明确合作目标。寻找合作伙伴前，要清楚自己的需求是什么：是为了获得技术支持、扩大销售渠道，还是共享市场资源？目标明确后，才能有针对性地选择合适的伙伴。例如，企业急需拓展海外市场，就要选择具有丰富国际经验的伙伴。

（2）了解潜在伙伴的背景，包括伙伴的业务范围、市场声誉、财务状况以及企业文化等。好的伙伴都与企业有相似的价值观和愿景，双方合作才能够顺畅和长久。同时，良好的财务状态和市场声誉也是保证合作成功的重要因素。

（3）考察潜在伙伴的合作历史和案例。通过分析伙伴过去的合作案例，可以了解其是否能够承担相应的责任和义务，以及在面对挑战时的应对策略。有丰富成功合作经验的伙伴，往往更值得信赖。

（4）沟通和谈判。企业需要与潜在伙伴进行深入交流，了解彼此的期望和底线，为顺利合作打下坚实的基础。

（5）签订合同前细致审查。合同是保障双方权益的法律文件，所有细节都需要仔细斟酌。企业应聘请专业律师参与合同的起草和审核过程，确保所有条款都符合双方的利益，避免未来的法律纠纷。

（6）选择伙伴不草率。明确合作目标、深入了解伙伴背景、考察合作案例、有效沟通以及细致审查合同，这些都是确保找到合适伙伴的重要步骤，不能草率。

资源的链接和共享

所谓的资源链接，是指企业之间通过人才、技术、资金、渠道、客户等资源的共同分享，对原有的资源进行重构，使资源达到最优配置，双方都能够从中获取创新和发展。

市场经济环境的变化使企业从"坐商"变成"行商"，市场的主动权从企业转到了消费者手中。同时，随着社会的发展，消费者也从感性消费变成理性消费，对产品的追求从物美价廉转到了优质、专业。尤其是当今社会，优质、专业已经变成人们对产品或服务最大的认可。

企业有自己的优势，同样也存在劣势，比如：有的企业资金比较充足，有的企业人才比较有优势，有的企业技术比较领先，有的企业渠道比较发达，有的企业客户比较优质。但是，很少会出现一家企业所有的资源都占有优势。所以，资源链接、共享对于当下的企业来说尤为重要。

对于企业来说，发展是其最终目的，通过资源链接、分享，进行资源的重新整合、配置，不仅可以为企业节省人力、物力、财力，还能为企业节约时间，抢占先机。

闭门造车的时代已经成为过去，群策群力才能跟上时代的步伐。

互惠互利

两个或多个商业实体在平等、自愿的基础上，通过共享资源、技术、市场或信息等方式进行合作，就能实现共同的商业目标和利益最大化。与商业伙伴建立一段互惠互利的合作关系，彼此在经济或社交上相互得益，才能保证长期的合作共赢。那如何实现双赢呢？

（1）树立正确的合作观念。合作不仅仅是一种竞争手段，更是一种成长方式。在合作中，可以借助他人的力量，弥补自身的不足，实现资源的最优配置。同时，也要尊重他人的利益，不能只考虑自身收益而忽视对方。

（2）运用各种合作模式。合作模式多种多样，包括合资、协作、战略联盟等。不同的合作模式有不同的适用条件和优势。选择合作模式时，要考虑各种因素，如双方的资源和能力、目标的一致性等。只有选择最合适的合作模式，才能最大限度地提高合作效率。

（3）注重沟通和协调。合作过程中难免会出现分歧和矛盾，这时需要双方进行有效的沟通和协调，及时解决分歧和矛盾，保持合作的稳定性和持续性。

第二章

成本管理：为什么你卖这么多
还是不挣钱

不少企业在经营过程中会遇到这样一个问题：销售额持续增长，利润却并未如预期般增长，甚至还出现亏损。究其背后的原因，是企业在追求销售增长时，忽视了成本管理。本章的主题就是帮助企业解决"卖得多不等于赚得多"的问题。

1. 一般制造型企业的成本、费用结构

相对于其他类型的企业来说，制造型企业无疑是成本投入最高的一类企业。因此，可能只是"一厘一毫"的成本差，都会对企业的利润产生较大的影响。所以，一般制造型企业想要通过成本管理来实现降本增效，就需要对其成本结构、费用结构有清晰的了解。

一般制造型企业的成本、费用结构较为复杂，主要的构成情况如下：

直接材料成本

直接材料成本是指构成产品实体的原材料以及有助于产品形成的主要材料、辅助材料、外购半成本、修理备件、包装材料。直接材料成本通常占总成本的较大比例，一般在 75%~85% 之间。当然，不同类型的产品其直接材料成本不同。

它是制造成本的主要部分，其价格的高低对企业的成本管理有极重要的影响，具体表现在以下几个方面：

第一，影响企业盈利能力。直接材料成本是生产成本中最为直观且可控的部分，它的高低直接影响企业产品构成，从而影响企业的盈利能力。

第二，影响产品市场竞争力。直接材料成本越低，企业就可以有充分的市场议价权，有利于与其他企业的竞争。

第三，有助于产品定价。将直接材料成本合理地分配到各个产品成本中，有助于企业准确计算产品成本，为产品定价及市场运营提供有力支持。

第四，有助于绩效评价。通过比较不同产品的直接材料成本，企业可

对各生产线的生产效率与成本控制能力进行评估，制定相应的绩效考核标准与激励机制。

直接人工成本

直接人工成本是指直接从事产品制造的工人的工资，其主要构成如下（见图2-1），也是制造成本中的主要构成部分，一般占总成本的 15% 左右。近些年，国内许多制造型企业搬离到东南亚一些国家，其主要原因就是这些国家人工成本更低。不同的制造类型企业，因为工艺路线长短和自动化程度的不同，其人工成本的占比也不同。

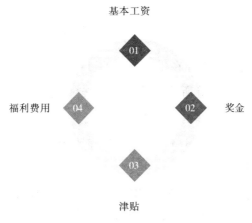

图2-1　直接人工成本的主要构成

资产折旧

资产折旧是指固定资产在使用过程中因为磨损、老化等原因逐渐失去使用价值而转移到产品成本中的那部分价值。制造型企业的最大成本投入是各类机器等固定资产，因此其资产折旧所产生的费用也是其主要成本支出的一部分，具体占比一般取决于企业的固定资产规模与使用年限。

固定资产计算折旧最低年限规定如下（见图 2-2）。

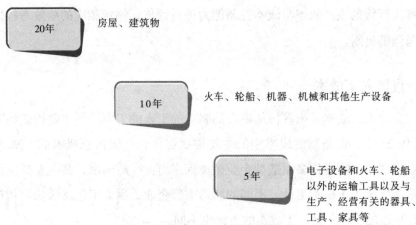

图2-2　固定资产计算折旧最低年限

燃料/动力费

燃料/动力费是指企业在生产产品的过程中所使用的固体燃料、液体燃料、电力、水、风力等所需要的费用。燃料/动力费用的成本计算需要安装相应的计量设备，如电表、燃气表、流量表等。越是大规模的制造型企业，需要的燃料/动力量就越大，其成本支出也就越高。因此，这也是企业成本的主要构成部分。

将燃料/动力费纳入成本结构，企业可以清晰地判断自己是否能在此进行降本，使用更加节能的机械或生产方式来进行生产。因为有些产品或服务所需要的燃料或动力量不同，在多种产品或服务共同消耗燃料与动力的情况下，通过合理的成本分摊方法可将这部分费用准确地分配到各类产品上，有助于企业更准确地评估产品或服务的生产成本及盈利能力。

期间费用

期间费用主要分为两类：

第一类：企业营业费用，一般是指在销售过程中产生的费用，比如销售人员的工资保险、差旅费、客户接待费、广告费等。销售费用是企业推广产品及开拓市场的重要支出，在这个"酒香也怕巷子深"的年代，销售费用更是不可或缺，但也需要合理控制，尤其是制造型企业通常要控制在3%以内。

第二类：管理费用，是指为组织管理生产经营而产生的费用，包括行政、人事、财务、IT、后勤等费用，一般占总成本的5%~8%。管理费用是企业正常运营必须承担的成本，但可以通过优化管理流程来降低，因此，管理水平越好的企业其管理费用占比越低。

研发费用

研发费用，是指企业在产品开发过程中所产生的费用，如测试验证费、材料费、研发人才工资、无形资产摊销费用、设计费用、委托外部研发开发费用等，自主研发能力越强的企业该费用占比越高，比如华为。

华为2021年经营财报显示："华为研发费用支出为1427亿元人民币，约占全年收入的22.4%。"

表2-1　一般制造型企业的成本费用构成

序号	成本费用项目	描述	金额（元）	占比（%）（需根据实际计算）
1	直接材料成本	生产过程中直接消耗的原材料、零部件等成本		
2	直接人工成本	直接参与产品生产的工人薪酬、福利等费用		
3	制造费用（间接费用）	厂房租金、设备折旧、维修费、水电费等生产间接费用		
	－厂房租金			
	－设备折旧			
	－维修费			
	－水电费等			
4	管理费用	行政管理、人力资源、差旅费、办公费等非生产费用		

续表

序号	成本费用项目	描述	金额（元）	占比（%）（需根据实际计算）
5	销售费用	促销、广告、销售人员薪酬、运输费等		
6	研发费用	产品研发、技术创新、专利申请等相关费用		
7	财务费用	利息支出、汇兑损失、金融机构手续费等		

2. 如何建立有效的成本、费用预算及核算体系

如何通过成本管理做好降本增效？这需要企业搭建一个有效的成本、费用预算及核算体系。但是，对于许多企业来说，制定科学合理的财务预算体系是一个复杂且细致的过程，涉及多个层面与步骤。

现在我们来看看重庆某从事容积泵、高端离心泵等产品的开发、研制、生产的企业的成本核算体系，主要包括以下几个方面：

基础数据来源：工艺路线、零件数量、单重、材料价格、加工工时、加工小时费用、外购件费用等数据分别保存在 CApp 系统（工艺管理系统）、PDM/PLM 系统（产品数据管理 / 产品生命周期管理）、ERP 系统等信息化系统中。

成本数据采集：使用某管理系统企业版，目的是通过与已有信息化系统的集成，自动抓取各系统数据，实现数据的高效整合和准确计算。

成本核算方法：根据产品特性、生产流程及市场环境选择核算方法，不局限于单一一种，比如全月平均法、先进先出法、移动加权平均法。

成本核算流程：包括数据收集、数据处理、成本计算、成本分析等环节。

成本核算报表：分为两大类：一是定额核算表，需详细列出每项零件的材料费用、外购费用和工时费用明细；二是成本汇总表，需按材料牌

号、外购件规格、重要件、外购费用、辅材等分类汇总成本。

该企业的成本核算体系实现了对生产成本的全面、准确核算，不仅提高了成本核算的效率和准确性，还为企业提供了有力的成本控制和决策支持。

当然，不同的企业有不同的成本、费用预算及核算体系，构成更是不同，所以需根据实际情况进行设计。但不管细节如何，主要把握住以下大方向即可。

确定目标

做任何事情都要有一个明确的目标，成本、费用预算及核算体系的搭建也是如此，只有确定核心目标，才能让该体系生效。一般核心目标包含以下方面：

（1）为企业的经营决策提供有价值的数据与信息，帮助企业实现战略发展目标；

（2）通过预算约束，以及识别成本节约潜力，帮助企业控制成本；

（3）通过成本预算与核算，了解各项资源的消耗情况，确保资金、人力和其他资源得到合理分配；

（4）通过预算执行和监控，推动企业各部门提高运营效率；

（5）通过精细化成本核算体系，确保产品成本的准确计算。

遵守原则

任何一件事情想要起效果，前提条件都是遵守原则，成本、费用预算及核算体系的搭建也是如此。

原则一：战略导向。应以企业的战略目标为导向，确保预算的编制与执行和企业的整体战略保持一致。

原则二：效益优先。在做资源分配时，应重点考虑能为企业带来最大效益的项目。

原则三：全面完整。需包含企业的所有业务与部门。

原则四：真实客观。应根据实际的市场环境、企业状况以及业务需求制定预算及核算体系。

原则五：灵活可调。市场环境的多变会给企业的成本带来变化，其预算及核算体系应具备一定的灵活性，以适应市场变化。

制度规范

正所谓"无规矩不成方圆"。有效的成本、费用预算及核算体系是需要制度规范做前提的。企业应制定预算编制、执行、调整、考核的制度规范，来提高其效力和准确性。

第一，明确编制目的和原则，这一点上文已经有详细叙述。

第二，建立编制流程和标准，包括编制时间、编制内容、编制方法以及审批的流程。

第三，确定执行的程序与要求，包括执行单位、执行时间、执行方法。

第四，明确调整的范围，包含调整的条件、程序及方法。

第五，制定考核方法，明确对预算及核算体系进行考核的标准，及时发现其中的问题并做出改进。

第六，加强执行的监控力度，主要包括以下几个方面（见图2-3）：

成本控制监控，找出成本的主要来源及变化原因

收支情况监控，及时发现偏差与问题

执行结果监控，及时找出偏差和问题并及时调整

图2-3　加强执行监控力度

强化数据

成本、费用的预算及核算体系建设需要依赖大量的数据与信息，因此企业需要加强自身对数据收集、整理和分析的能力，确保其数据支撑的准

确性。可参考以下方法进行数据支撑强化。

方法一：建立数据收集与整合机制，就可确保数据来源的全面与准确，比如历史数据、市场数据、业务数据。同时，对这些数据进行清洗、整理与分析，提炼出有价值的信息。

方法二：借助大数据技术，对数据进行深入挖掘与分析。相比于人工，大数据更能发现数据之间的关联性与规律。

方法三：建立数据共享平台，企业各部门可实时查询及获取数据，加强成本、费用预算及核算的信息沟通与协作，提高其效率与准确性。

表2-2　项目成本预算表

制表时间			内部项目编号			单位：元
项目名称					项目编号	
项目描述						
合同金额	增值税合同（含税17%）					
	建筑施工合同					
	技术咨询、设计、服务合同（含税6%）					
项目经理				项目起止时间		
人工成本预算	职位	人月数	人工成本	职位	人月数	人工成本	
人工成本预算						
	名单					
设备、外协成本预算	备注：			增值税专票17%		
				建筑施工票		
				增值税专票6%		
				其他发票		

续表

差旅费（含住宿费、出差补贴、调试费）、交通费	备注：		差旅费	
			交通费	
业务活动费（会务费、招待费、培训费等）	备注：			
其他费用	备注：（如邮运费、修理费）			
税金及附加	包含增值税、营业税及其附加			
成本预算总额（不含人工费）			相应毛利率	
成本预算总额（含人工费）			相应毛利率	

项目毛利					
预计收款（时点/比例）		预计付款（时点/比例）		财务成本	
				净毛利	
				净毛利率	
投标前预算	净毛利		相对偏差	绝对偏差	

制表		审核		审批	
项目经理				部门经理	
销售代表					

36

3. 价值链分析与战略成本管理

1985 年，美国哈佛商学院教授迈克尔·波特提出"价值链"这一概念。他认为，每一个企业都是进行设计、生产、营销、交货以及对产品起辅助作用的各种价值活动的集合，所有的这些活动就构成了价值链。该概念一经提出，就被广泛运用于各个行业，并被开发到极致。而要做好企业成本管理，价值链的作用更是不容小觑。

价值链分析与战略成本管理的关系

价值链分析与战略成本管理的关系主要体现在以下五个方面：

（1）企业的各项活动之间关系密切，例如原材料供应与生产制造密不可分；

（2）企业各项活动均能给企业带来或多或少的价值，即使是售后服务，也可获取客户需求，提升客户满意度；

（3）该关系不仅包括企业内部活动还包括企业外部活动，如企业与上游供应商与下游客户之间的关系；

（4）进行成本管理需建立在价值链分析功能充分发挥的基础上，因为企业的成本是在价值活动过程中产生的；

（5）价值链分析通过将企业活动分解为一系列的价值活动，帮助企业识别哪些活动对企业成本影响最大，如此，企业就可集中力量降低这些活动的成本，进而降低整体的成本。

企业内部价值链与战略成本管理

企业内部价值链是指企业内部的各项业务活动能够帮助企业产生价值

增值的业务流程，有以下三大显著特征（见图 2-4）：

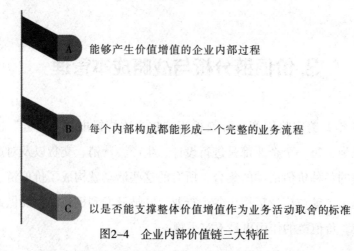

A　能够产生价值增值的企业内部过程

B　每个内部构成都能形成一个完整的业务流程

C　以是否能支撑整体价值增值作为业务活动取舍的标准

图2-4　企业内部价值链三大特征

企业内部价值链分为两种活动：一是基本活动，涉及产品的物质创造及其销售、转移给买方和售后服务的各种活动；二是辅助活动，辅助基本活动并通过提供外购投入、技术、人力资源以及各种企业范围的职能以相互支持。

我们通过某生产制造企业的基本活动及辅助活动的价值分析来了解成本管理的关键点。

该企业内部价值链的基本活动如下：

（1）内部物流，是指原料搬运、仓储、库存控制等与接收、存储、分配相关联的各种活动，如可分析原材料的库存率来降低成本。

（2）生产作业，是指把产品进行架构、包装、组装，后将投入品转化为最终产品形式相关的各种活动，可分析其生产工艺自动化对降低成本管理的作用。

（3）外部物流，是指成品库存管理，原材料搬运，与集中、存储和将产品发送给买方有关的各种活动，其通过优化成品分销的时间安排与效率来降低外部物流环节的成本。

（4）市场销售，是指与为客户提供购买方式及引导进行购买相关的各种活动，如广告、促销、渠道建设，旨在通过对广告投放转化率的分析来优化广告的投放渠道，从而达到降低市场销售成本的目的。

该企业内部价值链的辅助活动如下：

（1）采购，是指购买用于企业价值链各种投入的活动，比如生产原料的购买、研发设备的购买。该企业通过分析原材料的及时性、最低可能的成本、可接受的质量水平来降低采购成本。

（2）研究与开发，是指每项价值活动所包含着的技术成分，比如在生产过程中所用到的技术。该企业通过创新产品应用技术以及有效控制研究与开发活动的进度来降低研究与开发价值链的投入成本。

（3）人力资源，是指与企业员工相关的各种活动，如招聘、培训、薪酬、岗位安排。该企业通过提升员工与岗位的匹配度以及对员工进行动态化股权激励来降低人力资源的成本。

企业横向价值链与战略成本管理

企业横向价值链是指对产业内部的各个企业之间的相互作用进行分析，确定自身与竞争对手之间的差异，从而确定能够为企业取得相对竞争优势的战略。

一般来说，产品功能越高，价值越大，反之亦然。企业可以通过以下方式来提升产品的价值，以区别于竞争对手：

产品成本不变，功能提高，以提高产品价值；

产品功能不变，成本降低，以提高产品价值；

产品功能提高，成本降低，以提高产品价值；

产品成本提高，但功能提高大于成本提高幅度，以提高产品价值；

产品功能降低，但成本降低高于功能降低幅度，以提高产品价值。

企业纵向价值链与战略成本管理

企业纵向价值链是指把企业看作整个行业价值生产的一个环节，企业与上游、下游存在紧密的相互依存关系，简而言之，它涵盖了从原材料供应商到最终消费者的整个产品或服务流转过程，包括上游供应商、企业自身和下游客户等所有相关环节。

如何通过纵向价值链分析实现企业战略成本管理，可参考以下方式：

（1）了解自身位置。识别企业在整个产业链中的位置，了解各环节之间的关联及相互影响，从而找出能优化成本、实现增值的机会。比如自己是处于下游的零售商，那就可以通过加大进货量来达到降低进货成本的目的。

（2）识别关键成本。识别整个产业链中对成本影响最大的环节，并将之作为成本控制的关键点。作为中游环节的企业，企业最大的成本是原材料，那么企业就可以通过在不改变质量的前提下，创新工艺，降低原材料在产品中的使用量，以实现降低成本的目的。

（3）优化成本结构。与上游企业进行合作与谈判，比如通过集中采购、长期合作来降低原材料成本，达到进一步优化成本结构的目的。

（4）实现协调效应。企业可以通过信息共享、优化等环节，来实现各环节之间的紧密合作，以达到提升效率、降低成本的目的。

4. 功能、质量、时间与成本管理

成本控制是"技术活"，它不是简单地削减开支，而是在保证产品质量及生产质量的前提下，实现资金、资源的合理分配与有效利用。其中，功能、质量、时间这三个成本管理要素起着非常重要的作用。

功能与成本管理

产品功能成本管理是指将产品的功能与产品的成本进行对比，寻找降低产品成本途径的一种管理方法。

产品功能成本管理的四个步骤：

第一步：选择对象。选择时需从以下六点考虑：

（1）产量大，可降低单一产品成本；

（2）较复杂，可简化产品的结构及零部件；

（3）体积大，可缩小产品体积、减轻重量；

（4）产期长，可使用新技术或工艺改进产品；

（5）销量好，继续优化使产品更有竞争力；

（6）成本高，优化高成本环节，降低产品成本。

第二步：收集资料。收集产品分析对象的资料用于成本分析，主要范围如下表（见表2-3）。

表2-3　产品分析对象资料收集范围

收集范围	具体指标
用户需求	用户对产品性能、成本、价格、数量的预期
竞争状况	竞争对手产品的数量、能力、特点
设计能力	企业在产品设计、工艺加工上的优势与劣势
经济分析	产品成本构成、成本水平、生产指标

第三步：功能评价。首先以功能评价系数为基础，与目前计算的系数进行对比，确定价值系数；然后把目标成本按照价值系数进行分配，计算出目标成本分配额与目标成本的差异值；最后将价值系数低、成本降低空间最大的产品作为重点分析对象。

第四步：试验方案。得出功能评价的结果后，就可针对过剩功能以及不必要成本制定调整方案，并根据新方案进行试验生产；试验后再改进，得到最低功能成本方案。

质量与成本管理

质量是指产品或服务能满足消费者的程度。企业为保证质量需要投入一定的成本，我们称之为质量成本。

（1）质量成本的构成。一般来说，质量成本包含三个方面（见图2-5）：

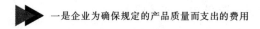 一是企业为确保规定的产品质量而支出的费用

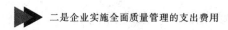 二是企业实施全面质量管理的支出费用

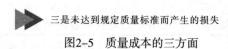 三是未达到规定质量标准而产生的损失

图2-5　质量成本的三方面

（2）质量成本的分类。从内容上，可分为以下四种：

①预防成本：为防止产生不合格品而产生的费用，如产品评审费、质量改进措施费等。

②鉴定成本：为检查及评定产品质量而产生的费用，如产品测试费等。

③内部损失成本：是指产品交付于客户前因为自身缺陷造成的损失及处理故障所支出的费用，如返修费等。

④外部损失成本：是指在产品交付用户后因产品质量缺陷导致的损失费用，如因质量缺陷退换货产生的费用等。

（3）质量成本的管理。质量成本的管理可参考以下几点：

①建立质量成本监控系统：比如可以使用ERP信息技术工具来跟踪质量数据，确保数据的准确性与实时性。

②设立质量成本管理目标：根据历史数据与市场情况制定合理的质量管理目标，并将之量化，如减少废品率、减少退换货率等。

③优化设计与工艺流程：找出影响质量成本的关键环节，持续改进生产工艺，并建立持续改善控制程序。

④保证供应商质量：对供应商进行严格挑选，并定期对供应商进行质

量评估与审计。

⑤建立相关培训机制：定期对员工进行质量管理与技能培训，提升其质量意识与技能，并建立激励机制，激发员工参与质量提升工作的积极性。

⑥定期质量审查：定期对生产质量进行审查，评估质量管理体系效果，并建立持续改进机制，不断寻找降低成本及提升质量的机会。

以下为某企业的质量成本构成表（见表2-4）。

表2-4　某企业质量成本构成表

类别		费用类型	产生原因	范围
A. 预防成本	1	质量培训费	为达到质量要求或改进产品质量，提高员工质量意识和质量管理业务水平进行培训所支付的费用	授课人员和培训人员的有关书籍费、文具费、资料费及授课补助费
	2	质量管理活动费	为推行质量管理所支付的费用和制定质量政策、计划、目标、编制质量手册及有关文件等一系列活动所支付的费用	质量管理咨询诊断费、合理化建议等质量奖励费、印刷费、差旅费及有关行政费用
	3	质量改进费	为改进产品质量所支付的费用	购置设备、工艺研究、检测手段改进的有关费用，包括产品创优、整顿质量措施费、质量月活动费等
	4	供方质量评审费	对供应商产品和体系进行现场监察、审核和指导所发生的费用	参与人员的差旅费和补贴等
	5	质量保证费	应客户特殊质量保证要求而增加的质量管理费用	相关费用

续表

类别		费用类型	产生原因	范围
A.预防成本	6	质量体系认证费	进行ISO9001等质量管理体系认证/审核支付的费用	相关费用
	7	质量情报费	获取外部质量情报信息支付的费用	信息资料费、参加有关质量交流会的会务费、差旅费等
	8	其他	除以上外与质量预防有关的费用	相关费用
B.鉴定成本	9	试验检验费	对原材料、外购/外协件、生产过程中的在制品、半成品、产成品按质量要求进行试验、检验所支付的费用	内部或委托外部检验和鉴定支付的费用、送检人员的差旅费、材料费、破坏性检验费及有关费用
	10	品管部办公费	品管部为开展日常检验工作所支付的办公费	相关费用
	11	检测设备检定费	检测设备的校准、标准审核所支付的费用	送外检定费、差旅费、标准审核费等
	12	检测设备维修费	投入的检验设备、设施、仪器及相应的维修及折旧费用	相关费用
	13	工资及福利	从事质量检验、试验工作人员的工资总额及提取的福利基金	工资及提取的福利基金
	14	客户调查费	进行客户走访所支付的费用	差旅费、补贴、资料费、礼品费等
	15	其他	除以上外与质量鉴定有关的费用	相关费用
C.内部损失成本	16	报废损失费	因产品质量达不到要求报废，以及原材料、外购/外协件在采购、运输、仓储、筛选等过程中因公司责任所损失的费用	生产过程中以及采购、运输、仓储、筛选等过程中报废的成品、半成品、零配件、原材料，及人工、管理和资源费用

类别		费用类型	产生原因	范围
	17	损失返工费	为修复不合格品并使之达到质量要求所支付的费用	人工费及更换零部件、原材料的费用
	18	停工损失费	因质量问题造成停工所损失的费用	停工期间损失的净产值
	19	料废净损失	材料报废所造成的损失	材料报废损失的加工费与材料费减去对供应商扣款所产生的损失
	20	其他	因质量问题引起的除以上项目之外的内部损失	相关费用
D.外部损失成本	21	索赔费	因产品质量未达到标准，对顾客提出的申诉进行赔偿、处理所支付的费用	支付顾客的赔偿金（包括罚金）、索赔处理费及差旅费等
	22	退货损失费	因产品质量未达标准造成顾客退货、换货所损失的费用	产品包装损失费、运输费和退回产品的净损失等
	23	降级/折价损失费	因产品质量未达到标准折价销售所损失的费用	销售价格与折价后的差价损失
	24	产品返工费	根据保修规定，为顾客提供修理服务所支付的费用，以及保修人员的工资总额和提取的福利基金	更换产品成本、工资总额及提取的福利基金
	25	其他	因质量问题引起的除以上项目之外的外部损失	相关费用

时间与成本管理

A、B 两家企业做同一款产品，品牌知名度、产品价格一样。A 企业原料采购价格为每件 7 元，B 企业原料采购则为每件 5 元，看似是 B 企业的成本费用较低，实际上却不是。因为 A 企业材料库存 5 天，制造周期 5 天，成品存货 5 天，合计生产周期为 15 天；但 B 企业因为要货比三家才能拿到 5 元的采购成本，导致库存同步增加 2 天，生产周期为 21 天，其库存和周期成本的支出反而大于采购降低的幅度，因此利润反而不如 A 企业。

在很多人看来，成本管理的目的就是省钱，因此会为了降低成本选择如 B 企业一样，付出更多的时间。然而"时间就是金钱"，尤其是在瞬息变化的商业环境中，所以管理好时间，减少时间成本，就是最有效的企业成本管理。

企业进行时间成本管理的主要步骤如下：

第一步：明确目标。比如提高工作效率、减少时间浪费、优化资源配置等。

第二步：识别时间成本源。全面识别各项活动涉及的时间成本，比如沟通时间成本、生产时间成本、等待时间成本、决策时间成本等。

第三步：设定时间标准。为每项活动设立合理的时间标准，比如采购原材料的任务应在多长时间内完成，并明确责任人、执行步骤。

第四步：进行时间成本核算。定期收集与时间成本相关的数据，如产品生产时间、库存时间、设备使用时间；再根据所收集到的数据，使用相关的方法进行时间成本核算，对时间资源的消耗进行量化。

第五步：开展时间成本分析。建立时间利用率指标，评估时间利用率；并通过时间价值指标评估单位时间内创造的价值，评估时间资源的合理性。

第六步：持续改进与调整。根据分析结果及时调整时间成本管理策略，并采用相应的方法进行优化，如优化工作流程、引入现代技术等。

5. 成本管理的根本：消除浪费

随着全球经济的加速发展，企业间的竞争越发激烈，效率、质量及成本决定了企业的竞争结果。如果是处于经济下行的大环境中，成本则是影响企业经营最重要的因素。成本管理的方法有很多，消除浪费就是其中非常重要的一种。

浪费的具体表现

什么是浪费？它不仅是指在生产过程中原材料、能源和时间等方面的损失，也包括企业运营中因为管理不当而形成的重复劳动、过度制造及过度储存等方面的浪费。浪费的另一种表现就是"活动不产生价值且可以立即消除的步骤"，这种浪费的具体表现形式因企业类型的不同而不同，我们以某制造企业为案例，其浪费可以归纳为以下几种：

第一，过量生产浪费：企业因为生产能力强，不管市场是否有需求，不断地生产产品，从而导致库存浪费。

第二，动作浪费：在生产中，人员发生不必要的走动或移动、两手空闲、单手空闲、作业动作突然停止、不明技巧、伸背动作、弯腰动作以及重复动作等，导致时间及体力上的浪费。

第三，流通浪费：比如产品运输时上下环节之间没有形成良好的组合，导致流通环节效率低。

第四，闲置浪费：在生产周期内人员因等待而产生的浪费。

第五，返修浪费：是指生产瑕疵产品后，需要进行返修所花费的时间、人力、物力的浪费，具体包括以下几种（见图2-6）。

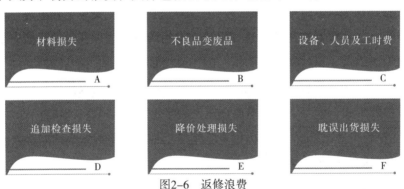

图2-6　返修浪费

第六，加工浪费：一是过分精确加工，比如过分细致的缝线；二是多余作业时间及辅助设备浪费。

第七，库存浪费：是指生产过多产品或是原材料进货过多但生产量不多而导致的库存浪费。

第八，时间浪费：一方面是指产品生产时间过早，提前用掉了生产费用，并使得产品周期变短、空间变大，增加搬用、堆积浪费，同时也失去了持续改善机会；另一方面是因为生产原材料供应中断或是生产计划安排不当导致员工、设备无事可做的闲置浪费。

消除浪费的方法

实际上，企业一直在进行"消除浪费"的动作，但效果甚微，因为没有找到消除浪费的根本之道。丰田的成本管理之所以有效，正是因为它找到了适合自己的且能真正消除浪费的方法。

丰田生产方式的创始人大野耐一曾警示各企业：如果对有余力的作业者或者富余的生产线置之不理，一定会多做一些工作，但这样做，许多浪费就会隐藏起来，也就是说，过多的生产就会产生无法计数的浪费。如果有余力的作业者或生产线生产出不需要的库存，还会增加这部分材料的进货资金。此外，生产过剩还会增加库存、仓管、保养方面的费用，以及一系列其他的浪费。所以，生产过剩实质上就是一种"亏损生亏损"的形式。如何消除这种没有附加值的过剩生产？

可以参考以下三种方法：

第一，根据需求生产。通过精密的市场调研数据以及过往经验来预估未来市场需求，据此来生产产品，达到预估值后就停止生产。

第二，采取预售形式。如果无法把握精准的市场需求数据，则可以采取预售的形式，这一方法被电商企业广泛使用。

第三，标准作业时间。做好产品生产计划，严格规定生产时间，在计划外的时间不生产产品。

在具体执行时，企业要根据浪费的具体形式采取有针对性的方法。比如工艺过多，则可以检查工艺流程，哪个环节不合理，哪些环节出现了停顿，哪些环节可以取消、合并或简化；比如运输浪费，则可以通过减少搬运的数量和次数，缩短搬运距离。

6. 成本管理就是"省、省、省"吗

认为成本管理就是"省、省、省"，就有点走极端了。企业要控制成本，不是把成本一味降低，成本不是利润的减项，而是为了获取收益而付出的资源耗费。

成本管理的主要内容

所谓成本管理，是指企业生产经营过程中成本核算、成本分析、成本决策和成本控制等一系列科学管理行为的总称，主要包括成本规划、成本计算、成本控制和业绩评价。

（1）成本规划。成本规划是企业根据预先设立的成本目标，对生产经营过程中的各种耗费进行计算、调节和监督，发现薄弱环节，挖掘内部潜力，寻找一切可能降低成本的途径。

（2）成本计算。成本计算指的是按照一定的成本对象，对生产、经营过程中发生的成本、费用进行归集，确定各对象的总成本和单位成本。准确计算成本，就能掌握成本构成情况，考核成本计划的完成情况，了解生产经营活动的成果，促使企业加强核算，节约支出，提高经济效益。

（3）成本控制。成本控制指的是利用成本计算提供的信息，采取经济、技术和组织等手段，实现降低成本或改善成本目的的一系列活动。

（4）业绩评价。业绩评价指的是对成本控制效果的评估，可以改进原有的成本控制活动、激励约束员工和团体。

企业成本控制不是不花钱

企业成本控制，除了保持成本不提高外，更希望成本每年都有一定幅度的降低。但成本降低有一个限度，到了限度后，如果不创新技术和工艺、增加或改进设备等，就很难再降低成本，管理上稍有松懈，甚至还可能反弹。

比如，在技术创新上，降低原料用量，用新的、价格更便宜的材料替代原有老的、价格较高的材料；在工艺创新上，提高材料利用率、降低材料的损耗量、提高成品率；在工作流程和管理方式创新上，提高劳动生产率、设备利用率，降低单位产品的人工成本与固定成本；在营销方式创新上，增加销量、降低单位产品营销成本。

总之，用有效的方式来激励创新，从创新方面入手，才是企业不断降低成本的根本出路。

成本控制与公司战略的关系密切而复杂

首先，成本控制不仅仅是压缩开支、节省成本，更是企业实现战略目标的重要手段。企业需要根据自身的战略定位和发展规划，合理安排成本投入，确保在关键领域具备竞争优势。成本控制应该与公司战略紧密结合，以实现资源的优化配置和价值的最大化。企业如果陷入成本控制的误区，过度追求低成本，就会陷入困境。例如，某家电企业为了降低成本，大量削减研发投入，导致产品创新滞后，市场份额逐年下滑。因此，企业在追求成本控制的同时，还必须关注成本管理与企业长期发展的关联性。

其次，成本控制不仅仅是减少开支，更是在为企业创造价值。企业需要在确保质量和效益的前提下，实现对成本的合理控制，以保持竞争力。而要想在保持竞争力的同时实现成本合理控制，企业应采取以下措施：

（1）制定明确的成本控制目标，确保与企业战略相一致。

（2）建立健全成本控制制度，提高成本管理水平。

（3）加强内部沟通与协作，形成全员参与的成本控制氛围。

（4）关注行业动态，及时把握市场变化，调整成本策略。

总之，成本控制是企业发展过程中的重要环节，企业应树立正确的成本观念，实现成本管理与企业战略、竞争力提升和长期发展目标的有机结合，促进可持续发展。

7. 成本是把双刃剑，别把成本管过头

对企业而言，降低成本是把双刃剑，有利也有弊。要正确看待成本和费用问题，不仅要从短期、局部、战术层面思考，更要从中长期、整体、战略层面综合考虑，不能因噎废食，只见树木不见森林。

成本管理的意义

什么是成本管理？就是对成本内容项目的管理。其以低成本、高效益为目标，以财务成本法规为引导，对成本项目实施管理，包括成本预测、成本决策、成本控制、成本核算、成本分析和成本考核。

成本管理能够控制和协调企业的经营活动，评价企业的经营成果，为企业的投资、筹资活动提供明确的取舍意向，是企业管理的重要组成部分。企业成本管理的好坏，直接影响着企业的竞争力和自身潜能的发挥。

成本管理的过程是运用系统工程的原理对企业在生产经营过程中发生的各种耗费进行计算、调节和监督的过程，同时也是一个发现薄弱环节，挖掘内部潜力，寻找一切可能降低成本的过程。

企业成本管理存在的问题

概括起来，企业的成本管理存在如下问题：

（1）缺乏市场观念。低成本意味着企业以较少的资源投入提供更多的产品或服务，意味着高效率，但未必就是高效益。企业缺乏成本管理观念，管理决策时就容易陷入误区，认为产量越大，成本越低，利润越高。

（2）只关注部分成本管理。许多企业只关注生产过程中的成本管理，

忽视了供应过程和销售过程中的成本管理，比如：只注意投产后的成本管理，忽视了投产前产品设计以及生产要素合理组织的成本管理；事前成本管理薄弱，成本预测、成本决策缺乏规范性、制度性，可有可无；成本计划缺乏科学性、严肃性，可增可减，造成事中、事后成本管理的盲目性；只注重财务成本核算，缺少管理成本核算；注重生产成本的核算，忽视了产品设计过程中的成本以及成本核算……

（3）不能深入反映经营过程。传统成本管理系统未能采用灵活多样的方法，单纯地为降低成本而降低成本，不能提供决策所需的正确信息，不能深入反映经营过程，不能提供各作业环节的成本信息，误导企业经营战略的制定。另外，成本管理对象局限于产品财务信息，不能提供管理人员所需的资源、作业、产品、原材料、客户、销售市场和销售渠道等信息，无法为战略管理提供充分信息。

（4）成本信息严重扭曲。在现代化的制造环境下，直接人工成本比例下降，制造费用所占比例大幅度上升，再加上使用传统的成本计算方法，产生了不合理现象，严重扭曲了产品成本信息，导致企业选错了产品经营方向。

企业控制成本需遵循的六大理念

控制成本容易走进两个极端：一是用力过猛，让企业失去活力；二是放任自流，让企业陷入困境。控制成本有一整套的方法论，哪些成本可以控、怎么控、谁来控、控制的力度如何，都是有讲究的。

（1）只控制、不压制。控制成本的目的并不是限制发生成本，而是要防止不必要的成本发生。"控制"是让成本费用不偏离预设的轨道，只要有理由表明发生的成本对公司有好处，能给公司带来增量收益，就不要进行人为干预。

（2）让员工分享到降成本的收益。降成本的真正受益人是老板，而不是员工。如果想调动员工的积极性，就要拿出降成本的部分收益与员工分享。比如，华为当年的做法就很高明。笔记本电脑配发四年后赠送给员工。员工知道电脑四年后是自己的，使用时就很爱惜。有的员工为了保护电池，接上电源后，甚至会把电池拆下来。

（3）防止"解决一个问题，出现另一个问题"。如果把降低成本搞成了硬性约束，可能会出现一种尴尬的结果：某项成本可能降下来了，总成本却提升了。比如，某公司降低了工资标准，人工成本降低了，却吸引不到合格的工人，生产效率降低，单位产品成本大幅提升。因此，降成本要有全局观，不可头疼医头，脚疼医脚。

（4）成本控制前移，费用控制后移。公司成本降下来，一般只有两种情形：第一种，过去管理很乱，现在通过加强管理避免了浪费，裁汰了冗员，提升了效率；第二种，以往生产量不饱和，平均每单位的产品分摊的人工成本与制造费用高，现在实现了规模效益，平均成本降下来了。产品设计阶段决定着未来 70% 的生产成本。如果打算降生产成本，应着眼于产品设计环节。结合预算控制，将控制着眼点后移，移到绩效考核环节去。

（5）全员全流程参与。降成本绝不是老板一个人就能做到的，需要把降成本的目标传递给每一个员工、每一个业务环节，发挥群众的力量与集体的智慧。

（6）由降成本过渡为降低运行成本。降成本的着眼点是降低费用总额，降低运行成本的着眼点是降低成本费用率。发生成本并不可怕，可怕的是成本发生后不能带来增量收益。那如何做到成本费用率不断降低呢？提升内部运作效率是关键。要杜绝各业务环节的冗余与浪费，提升资产效率。

表2-5 某企业的成本目标量化计划表

序号	项目	目标值	责任部门	计算公式
1	培训率	100%	行政人事部	培训率 = $\dfrac{每月新员工培训人数}{每月新晋员工总数} \times 100\%$

续表

序号	项目	目标值	责任部门	计算公式
2	员工满意度（指员工对饭堂伙食、住宿条件、清洁卫生等的满意度）	90%	行政人事部	员工满意度 = $\dfrac{各部门评分总和}{部门分数} \times 100\%$
3	内部损耗（指物料消耗、加班工资等的降低）	每年下降2%	行政人事部	
4	物料辅料/配件采购准时率	100%	行政人事部	物料辅料/配件采购准时率 = $\dfrac{每月及时采购的批量}{每月要求及时采购的批数} \times 100\%$
5	物料采购正确率	100%	行政人事部	物料采购正确率 = $\dfrac{每月正确采购的批量}{每月已采购的批数} \times 100\%$
6	增值劳动人员率	>75%	行政人事部	增值劳动人员率 = $\dfrac{直接劳动员工}{月总人数} \times 100\%$
7	人员素质率	>20%	行政人事部	人员素质率 = $\dfrac{中专以上学历人数}{月总人数} \times 100\%$
8	人员流失率	<5%	行政人事部	人员流失率 = $\dfrac{离职人数}{月总人数} \times 100\%$
9	交付表现（准时交货率）	100%	资材部	准时交货率 = $\dfrac{每月交货总数}{每月订单要求的数量} \times 100\%$
10	双方额外运输费用（货柜过夜费、包车费）	800元/次	资材部	货柜过夜费 = 过夜次数 × 800元/次

续表

序号	项目	目标值	责任部门	计算公式
11	物料发错率	0%	资材部	物料发错率=$\dfrac{每月发错料数量}{每月发货总数}\times 100\%$
12	报废率	<1%	资材部	报废率=$\dfrac{报废物料}{使用物料}\times 100\%$
13	不良损坏	<1%	资材部	不良损坏=$\dfrac{物料损耗费}{销售额（加工费）}\times 100\%$
14	遗失费用	5‰	资材部	遗失费用=$\dfrac{遗失材料费用}{加工费}\times 100\%$
15	客户反馈及回复	100%	品质部	客户反馈及回复率=$\dfrac{每月及时回复客户的次数}{每月客户要求回复的总数}\times 100\%$
16	客户退货率	<1%/年	品质部	客户退货率=$\dfrac{退货批数}{总供货批数}\times 100\%$
17	客户投诉	≤1 每年/不超过一次	品质部	包括退货及纠正预防措施投诉
18	客户满意度	>99分（不包括价格）	品质部	客户满意度调查表
19	来料不合格率	<1%	品质部	来料不合格率=$\dfrac{每月物料不合格批数}{每月可供物料总批数}\times 100\%$
20	交付客户产品不合格率	0	品质部	交付客户产品不合格率=$\dfrac{每月OQC检查不合格产品数}{每月出货总数}\times 100\%$

续表

序号	项目		目标值	责任部门	计算公式
21	关键设备故障停机率		<1%	工程部	关键设备故障停机率= $\dfrac{故障停机时间}{实际工作时间}$ ×100%
22	设备有效运转率		≥85%	工程部	设备有效运转率= $\dfrac{实际使用时数}{总时数}$ ×100%
23	劳动生产率（每小时产能）		工程部根据不同机型/生产而定	工程部	劳动生产率（每小时产能）= $\dfrac{生产数量}{生产工时×人数}$ ×100%
24	生产计划完成率		100%	生产部	完成率= $\dfrac{客户订单数}{实际完成总数}$ ×100%
25	不良品率		<1%	生产部	不良品率= $\dfrac{QC检查不良品数}{总投入数}$ ×100%
26	直通率		99%	生产部	直通率=100%−不良品率
27	机器设备抛料率		<3‰	生产部	机器设备抛料率= $\dfrac{抛料数}{总点数}$ ×100%
28	生产损耗	a.返工工时	<50小时/月	生产部	生产部统计小时数转换成金额
		b.停工待料工时	<50小时/月	资材部	影响生产而未放假导致的无用工时数转换成金额
		c.筛选加工工时	<10小时/月	品质部	IQC统计（来料质量控制）
		d.生产报废率	<200元/月	生产部	统计因设备、人员管理失误等导致材料/设备报废
		e.辅料费（下降）	<5‰/月	生产/工程部	资材部统计

续表

序号	项目	目标值	责任部门	计算公式
29	总成本率（材料、工资、制造、管理、品质费用）	<70%	财务部	总成本率 = $\dfrac{总成本}{加工费} \times 100\%$
30	材料成本率（卡板、配件）		财务部	材料成本率 = $\dfrac{材料成本}{加工费} \times 100\%$
31	管理费用率（折旧、工资、修理费、办公费、招待费、福利）		财务部	管理费用率 = $\dfrac{管理费用}{加工费} \times 100\%$
32	制造成本费率（车间管理人员的福利、设备折旧、低耗品消耗、劳保）		生产部/财务部	制造成本费率 = $\dfrac{制造成本费}{加工费} \times 100\%$
33	品质成本费率	<1%	品质部/财务部	品质成本费率 = $\dfrac{品质成本}{总加工费} \times 100\%$
34	6S（整理、整顿、清扫、清洁、素养、安全）维持与改进	车间厂区的长期维持并深入到生活区域	生产部	1.6S评比竞赛 2.日常维护 3.生活区6S的评比
35 企业管理	1.电脑系统完善	每周三召开分析会并对目标监控	程控室	
	2.管理目标分析考核		总经理	

续表

序号	项目	目标值	责任部门	计算公式
35 企 业 管 理	3.开展合理化建议及落实	各部门经理、副总经理报告本部门工作策划及落实	总经理	
	4.优化组织机构		总经理	
	5.开发新客户	每年不少于3家	总经理	
	6.每月加工费用	>300万元	总经理	
	7.通过ISO9001国际认证	2003年建立体系，2004年2月完善体系并获得证书	总经理/各部门	
批准			审核	制表	

第三章
细分定位："大而全"不如"小而美"

有些企业喜欢"既要、又要、还要、全要"，看到这个行业赚钱就做这个行业，看到那个行业赚钱就做那个行业……想要让自己的企业变得"大而全"，结果，不仅没有能做到这一点，反而因为在追求"大而全"的过程中造成成本过高，让企业陷入了危机。实际上，在当下竞争激烈的市场环境中，"小而美"反而可以让企业轻装上阵，在自己擅长的领域内获得更好的发展。

1. 市场错位，资源错配，是降本增效的大忌

为了降本增效，许多企业奇招百出，收效甚微；有的企业却能持续取得千万级的降本成果，原因何在？因为后者建立了一套降本增效管控体系，并大幅提高管理效率、削减公司成本，取得了竞争优势。

错位，只会造成浪费

企业中所谓的浪费，归根结底是内部资源"人"与"钱"的配置浪费，即有形的资金配置浪费与无形的人力资源配置浪费。

（1）资金配置浪费。资金配置浪费的过程不可见或不易察觉，但从现实角度来看，企业所有的决策都必须通过行动才能落地，而所有的行动最终也要以财务支出为根本支撑。只要有财务支出，就会产生数据痕迹，行为结果的数据化完全能够从报表中获得直接观照。

（2）人力资源配置浪费。与资金配置浪费相反，人力资源配置浪费的过程易于观测，但往往不被察觉或重视，且其结果与原因也很难被正确识别。实务中，人力资源配置浪费的普遍性更多表现在规划的实施上。

①入职流程设计。员工入职一周时间即完成过程适应和花一个月时间才完成过程适应，用工成本会有较大的差别。因此，要想减少人力资源配置的浪费，就要合理设计入职流程。

②任职体系维护。要想维护任职体系，关键就是不能将不合适的人放到不合适的位置，否则后患无穷。

A.人岗错位。人员专业及经验与岗位定位及需求不匹配或匹配度不高，将导致工作进度缓慢，工作强度相对变大。

B.能岗错配。人员基础素质可以满足岗位基本需求，但欠缺高效作业

的对口工作经验或专业技能，导致缓不济急、事倍功半甚至劳而无功。履职人员缺乏足以匹配任务的权限、资源、方法或工具，工作就会费时费力、进度拖沓，变相增加了工作量。

C.人岗错层。人员综合素质达不到更高层级的岗位需求但被强行提拔，会造成岗位成本（资金）浪费；人员综合素质符合更高层级的岗位需求但被降级使用，会造成组织能力（人力资源）浪费。

将错配矫正为正确配置

从宏观角度来说，降本增效是一种对资源的重新配置，要发现被错配的资源，并把它调配到真正有用的地方。那如何才能将错配矫正为正确配置呢？

（1）明确自身的资源状况。对资源进行全面评估，包括人力、物力、财力等，清晰了解自身的优势和劣势，制定出符合自身发展需要的资源配置策略。在资源分配上，要精准定位，确保资源投入最能够产生效益的领域。

（2）优化流程。企业需持续优化运营流程，提高资源利用效率。引入精益生产、六西格玛等先进理念，识别并消除生产、销售、采购等环节的浪费。通过自动化和智能化设备提升生产效率，与供应商建立战略合作关系，降低采购成本。同时，采用流程再造方法，打破组织界限，实现跨部门协同工作，提升整体运作效率，在资源有限的情况下实现效益最大化。

（3）实施多元化战略。多元化战略是企业拓展资源利用空间的有效手段。企业可以根据市场需求和自身资源状况，开展多元化经营，拓展业务领域和产品线，分散经营风险，提高资源利用效率，实现可持续发展。但多元化战略的实施需要通过缜密的分析和规划，通过对市场、资源、能力等要素的分析，科学地做出决策，切不可盲目决策或冲动决策，避免掉入多元化战略的陷阱。

不同业务的资源配置要点

随着流程的优化和重组，企业需要对资源进行重新配置，包括人员、设备、资金等方面。那如何让资源实现更有效地配置呢？不同的业务类型，要区别做好资源匹配。

（1）稳定型业务。如果企业本身已经形成了稳定的运营模式，可以创造稳定的利润和现金流，就要着重分析哪些是必需的生产投入，哪些是可以削减的非生产投入。①对必需的生产投入，追踪投入效率，支持更高效的投入，避免低效的投入。②对非生产投入，更多地注重细节，控制不必要的支出。

（2）创新型业务。对有发展前景的核心型创新业务，要分析发展前景，给足发展空间，不断投入资金支持；对缺乏前景的创新型业务，要有壮士断腕的决心，当机立断。

2. 小而美也能撬动大市场

美国《连线》杂志总编辑克里斯·安德森在《长尾理论》一书中指出，提供小而美的个性单品和服务可以在市场中占据一席之地。

什么是小而美？

它并不是指市场小，而是指从一个看起来相对狭窄但又明确需求高度差异化的市场细分中切入，专注于提供高质量、独特且符合该市场特殊需求的产品或服务。

2019年餐饮行业有将近5万亿元的市场规模，让中国成为全球第一大餐饮市场；另一方面，行业竞争越来越激烈，餐饮企业经营压力越来越大，日新月异的消费需求变化，让餐饮企业处在一个充满不确定的环境中。因此，有许多盲目追求大而全的餐饮企业开始倒闭。

而就在这种环境中，一家名叫"小小河边鱼"的鱼锅品牌，在3年内开出了300多家门店。其之所以能做到这一点，就是因为采取了小而美的定位策略。它专注做鱼，且以"吃小鱼"为主打，将服务目标转向三四线城市，价格定位在30~50元之间。三四线城市的低租金，使其选址更加灵活，"小小河边鱼"的店铺普遍为300多平方米，足够的餐位，减少了客户流失率。其谨守以产品为王的经营理念，不用常用的草鱼、黑鱼，而是以野生黄辣丁小鱼为主打产品，且活鱼现杀，主打"小、野、鲜"，为保证口味还制定了两个标准（见图3-1）。所以，小而美的定位，独特新鲜的经营方式，就是"小小河边鱼"能成功的原因。

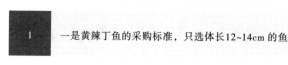

一是黄辣丁鱼的采购标准，只选体长12~14cm的鱼

二是吃鱼所配置的锅底料包的标准

图3-1 "小小河边鱼"的口味标准

小而美的价值

找到小而美的切入点，用心经营，不断追求产品的极致，就能成为市场经济的主角。这句话并没有夸大成分，因为小而美确实有很多优势。

（1）满足多变的消费需求。随着物质的极大丰富，只有更为个性化、多样化、更精致的产品或服务才能吸引消费者的目光并留住他们。以小而美为切入点，显然可以更好地满足消费者的需求。

（2）更容易切中用户痛点。在全民创新的时代，面对大而全的品牌，站在消费者角度的小而美的产品或服务更容易击中痛点。比如"ROSEONLY"作为一家网络鲜花品牌，并不具备很好的竞争优势，但是它用"一生只爱一人"为品牌切入点，巧妙地切中了信奉忠贞爱情的高端消费者的痛点。

（3）能为企业带来新的机会。许多行业已经走到天花板，且已经有龙头企业存在，后来者很难再进入。但是小而美的定位，可以为企业开辟出新的蓝海。比如三只松鼠，2012年成立，不到两年时间就成为互联网第一坚果品牌，年销售10亿元。其成功的根本原因是它从老牌的开心果市场挖掘出碧根果这样的"狼孩"。

（4）降低创业和试错成本。对于资金实力不够雄厚的创业者，小而美的定位可以有效地降低初期的投资成本与市场测试的风险，为未来的创业之路留下更多的余地。更重要的是，小而美的运营思路可以帮助创业者在细分市场快速建立起品牌优势，提高市场份额。比如，曾经的聚美优品，在竞争激烈的电商行业聚焦美妆领域，迅速打开了自己的知名度。

小而美的特征

判断自己的定位是否属于小而美，可以参考以下评判标准：

第一，有特定的需求与偏好。小而美的市场具有特定的需求与偏好，且可能是由具有共同兴趣、生活方式、价值观或特殊需求的消费者群体组成。

第二，高度差异化。在小而美的市场中，产品或服务具备显著的差异化特征，与市场上的主流产品有明显的差异，这种差异可能体现在设计、功能、用户体验、价格、服务等方面。

第三，质量高且具备独特性。小而美的产品或服务不仅能满足消费者的基本需求，还能通过高品质及其独特性赢得消费者的喜欢，一般是通过技术创新、设计美学、文化传承、情感渲染等方面来体现。

第四，情感连接性强。小而美的市场定位大部分强调要与消费者建立强烈的情感连接。一般是通过品牌故事、社群建设等方式来让消费者感受到品牌所传递的情感。

表3-1 商业模式定位分析表

客户选择	我希望为哪些客户提供服务？	我能够为哪些客户的偏好提供价值？ 哪些客户可以让我赚钱？ 我希望放弃哪些客户？
价值主张	我能够为客户提供什么价值？	我最重要的客户的价值需求是什么？ 我是否比所有竞争对手提供给客户更大的价值或前所未有的价值？
战略定位	我未来的发展定位是什么？	我应该做哪些业务？ 我应该舍弃哪些业务？ 我应该优化哪些业务？
利润获取	我如何获得利润？	我如何为客户创造价值，找到最佳利润区？ 我采用什么方式获得利润？
核心优势	我如何保护自己的利润区？	客户为什么选择向我购买？ 我的价值判断与竞争对手有何不同？ 我有哪些优势可以克制或抵消客户与竞争对手的力量？
业务范围	我将从事哪种经营活动？	我希望向客户提供哪种产品或服务？ 我希望自己从事哪些辅助性业务？ 我打算将哪些业务分包、外购、与其他公司协作生产？
营销渠道	我将通过什么渠道实现销售？	实体店？网络？加盟？代理？

3. 让品牌大而全，就要让品类小而美

如今的商业环境越发成熟，品牌的发展路径也越来越多种多样。有的品牌追求全面覆盖，力求在多个领域占据一席之地；有的品牌则选择精耕细作，专注于某一细分领域，通过小而美的定位来获得消费者的支持。有人会

疑惑：难道品牌要么只能大而全，要么只能小而美吗？当然不是，许多如今看起来大而全的品牌，都是从小而美的定位发展起来的。

云南白药牙膏就是典型案例之一。早期，牙膏市场基本被外国品牌垄断，高端牙膏也是如此。然而，2004 年，云南白药横空出世，在短短一年时间内，销售额就突破了 1 亿元，10 年时间累计销售 121 亿元，在高端牙膏市场中一骑绝尘。它成功的秘诀就是"小而美的品类定位"。

与其他品牌将牙膏定位为"美白、清新口气"不同，云南白药以"预防牙龈出血"为宣传点，明显地与其他品牌牙膏区别开来。

当然，这并不是云南白药拍桌子做的决定，而是进行了深度的调查。其第一步是与消费者开展一对一的深度访谈，了解消费者，并针对中国 90% 的成年人都有的口腔问题及口腔保健的需求，明确了"预防牙龈出血"的定位点，开创了功能性牙膏的新品类。

云南白药从不盲目模仿竞争对手，而是在明确了定位后，创造了新的营销方式，像药品一样做推广、宣传，像日化品一样做宣传。这一全新的营销策略，让云南白药牙膏迅速度过了脆弱的"婴儿期"，成功切入了市场。

进行充分的市场调研

进行品类定位的第一步就是深入市场调研分析，这有助于企业了解市场现状、竞争对手、目标客户群等。具体的操作方法如下：

（1）确定调研目标。首先要确定品类定位的目的，了解企业的产品或服务在市场中的地位，找出竞争优势与劣势。

（2）了解市场情况。对行业现状进行摸底，了解所在行业的整体发展趋势、市场规模、增长潜力等，判断行业的未来走向。

（3）分析竞争对手。明确主要竞争对手，分析对方的产品线、市场份额、品类定位、目标用户群，以找出市场的空白点与机会点。

（4）调查消费者需求。并不是找到了市场空白点就代表自己的品类定位能成功，还要看消费者是否有这方面的需求，可以通过问卷调查、用户访谈、社交媒体数据收集等方式，收集目标消费者的需求、偏好、购买习惯，为品类定位提供最有力的依据。

筛选定位领域

在进行充分的调研后，要对确定的品类定位进行筛选，并确定最终的定位。那么如何确定最终定位？企业需考虑三点（见图3-2）。

定位的目标市场是否有可盈利的空间

企业自身资源是否能支持这个定位

定位的目标市场是否具备一定的稳定性

图3-2　最终定位三要素

江小白为什么能成为新的白酒品牌，在白酒"红海"中开创出自己的新天地？本质原因就是它选对了定位领域。那它是如何将自己定位为"年轻人的专属白酒"的呢？

一是大。白酒市场规模很大，因此这个行业有很大的发展前景，足够江小白去挖掘。

二是小。江小白的定位就是小，包装也小。江小白的包装主打100毫升左右，聚焦小聚、小饮、小时刻、小心情的消费场景，取得先机。

三是新。挖掘了高粱酒小品类，采用小曲高粱酒传统工艺，主打单一红皮糯高粱、手工精酿，入口更清爽，符合江小白的目标人群——很少喝白酒的年轻人。针对传统白酒口感太辛辣，让年轻一代感觉太沉重和老气的痛点，致力于研发喝着舒服的白酒，入口更顺，减少辣感、刺激感、苦味，降低醉酒度，饮后无负担。

四是景。传统的白酒宣传基本在强调工艺，而江小白的宣传则更加注重场景，注重与目标用户群情绪的连接。

基于真正的消费者需求做小而美

前文已讲过，小而美的品类定位应该是基于消费者需求的，你找到的小而美不管有多好，消费者不需要，那么一切都无用。很多人找到的消费者需求并不是真正的消费者需求，因此，基于此做的品类定位，根本无法真正打动消费者，或者得到消费者的长久支持。

就像我们在生活中总会看到这类场景：

某火锅的宣传：鲜香麻辣，食材新鲜；

某中介的宣传：找×××，住好房；

某农产品的宣传：有机健康，原产地发货；

……

当然，这些需求并没有抓错，"鲜香麻辣"是为了体现自己的火锅好吃；"找×××，住好房"是为了展现自己的实力；"有机健康"是为了满足消费者对于健康食材的需求。然而，这些看似满足了消费者的某种需求，但没法做到小而美。因为任何一家火锅店都可以说自己的鲜香麻辣更好吃，没有一个中介会说自己房源不好，没有一家农产品生产基地会说自己打了农药……

显而易见，这种需求无法帮助企业形成核心竞争力，也无法成为消费者选择企业产品或服务的有力理由。

因此，我们在找到小而美的定位之前，一定要明确是否抓住了真正的消费者需求。

真正的消费者需求应该满足以下三点（见图3-3）：

可持续性

刚需　　　　　　　　　　　　　　在某个场景下就会产生

图3-3　真正的消费者需求需满足的三要素

4. 聚焦：一次只选一个，贪多嚼不烂

实际上，只要肯深度挖掘，企业可以找到很多小而美的定位，但也正是如此，企业就想把好的都抓到自己的手里。然而，这种都要对企业定位来说没有什么好处，因为贪多嚼不烂。企业应该聚焦于一个明确的细分市场，进行深耕细作。比如特斯拉，它选择了电动汽车领域，但是从未想过要像传统汽车企业一样，推出多种车型以满足所有消费者。它聚焦于几款核心车型，将每一款车型都打造到极致，从而赢得市场回报。

1个带来N个价值

为什么有能力都要的特斯拉会选择聚焦？因为它深知聚焦的价值。

（1）资源有限。即使是实力雄厚如特斯拉，资源也是有限的，选择聚焦，可以集中资源、提高资源的利用效率，形成局部优势，显然，特斯拉的聚焦战略实现了这一点。

（2）有限的注意力。现在是海量的信息时代，而消费者的注意力是有限的，因此，接收的信息也是有限的。所以他们在做选择时，会选择接收最专业、最有品牌认知度的企业。过多的定位信息，显然不利于消费者接收信息，也不利于将产品或服务打造成消费者认知中最专业、最有认知度的。

（3）加快市场响应速度。聚焦一个定位，企业可以更深入地了解目标消费者的需求和变化，从而更快地调整产品或服务，企业的市场响应速度加快，有利于在竞争激烈的市场中保持领先地位。

（4）降低企业成本。就像是生产产品一样，生产规模越大，企业需要投入的成本也就越多。过多的定位无疑会增加企业的投入成本。比如一个水果品牌，既想要宣传有机健康，又想宣传物美价廉，还想体现绝佳口味，那在宣传时必然要比只宣传有机健康投入得多。

所以，我们在面对众多选择时，不要贪心，只聚焦一个，把有限的资源分配给最能体现品牌价值、最能触动目标消费者的定位。别让冗余的选择消耗企业的成本，精准的定位才是最节能降本的品牌打造之道。

聚焦就是做减法

怎么才能做到聚焦？其实很简单，就是做减法。但是如何减、减什么，就需要把聚焦进行拆分，然后采取针对性策略。

认知聚焦：是指品牌必须坚持一个独特而有价值的定位，并且始终坚持如一，在向消费者传递品牌的定位信息时保持一致性与稳定性。否则，消费者很难对品牌形成固有印象，无法记住并理解品牌想要表达什么。在这种情况下，当消费者有需求时就会选择自己记住的其他品牌。比如，困了累了喝红牛，当消费者有这个需求时，就会想起红牛能解决自己的这个问题从而选择购买。

运营聚焦：是指企业要围绕定位消除无效或低效的经营行为，不进行任何与定位无关的活动，不做任何会削弱定位的事情。这不仅有助于消费者加深对定位的认知，也能在一定程度上降低企业的运营成本。

人群聚焦：是指不要试图去满足所有消费者的需求，优先聚焦产品消费的高势能人群或是最容易切入的人群，前者有消费意愿及能力，后者对新产品、新概念更容易接受。

宣传聚焦：在进行宣传时，也要围绕确定的定位进行，最好是聚焦到一个词上，让自己的产品成为这个词的代表。就像我们想到火锅就会想到海底捞，想到高端白酒就会想到茅台。

资源聚焦：如果企业内部无法明确地回答自己的核心业务是什么，就代表定位不够聚焦，是繁杂混乱的。在这种情况下，企业的营销费用、研发费用、人力和其他资源就会被分散。就像乔布斯在面临苹果破产危机之时，坚持裁掉了多余的产品线，因为他认为苹果的产品线太复杂，不仅耗费了公司大量的资金，也无法让消费者知道应该选择哪一款苹果产品。

5. 评估：选定的市场是否可进入

细分市场的本意是什么？就是找一个竞争对手未发现，同时消费者又未被满足需求的领域，从而深入进去做产品或服务。然而，即使找到了这个细分市场，企业还是存在很多困扰：

市场细分无章法，盲目定位，找不到优质的消费者群体；

目标市场不清晰，导致企业无法匹配资源；

定位虽足够独特，但目标市场规模太小，难以获取足够的利润；

不知道哪个市场是未来发展的重点，哪个市场应先放弃；

……

这些困扰，导致企业即使找到了小而美的定位，寻到了目标市场，但真正进入后却无法实现预期目标。

所以，在选定细分市场后，企业还应进行评估，确定这个细分市场是可以进入的。

细分市场价值的四个层面

一个有价值的细分市场，应该可以从以下四个层面为企业提供帮助：

层面一：有利于企业制定市场营销策略。细分市场比较具体，企业比较容易了解消费者的需求，可根据计划来制定特殊的营销策略。

比如江小白的"小"的定位，把细分市场放在年轻人能喝的白酒上。年轻人对白酒的需求不是高度，不是传统工艺，也不是能喝得酩酊大醉，而是既能连接情绪又让自己喝起来无负担的白酒。所以，针对消费者的这个需求，江小白的场景营销策略才能获得成功，受到一众年轻人的喜爱。

层面二：有利于企业开拓新市场。企业对细分市场的购买潜力、满足程度、竞争情况进行分析后，可以挖掘出有利于企业的市场机会，使企业及时做好新产品或新服务的准备，掌握开拓新市场的主动权。

层面三：有利于企业提高收入。企业的行为都是为了盈利，所以选定的目标市场的规模不仅要独特还要足够大，太过狭窄的市场即使只有企业一家进入，其产生的经济效益也无法使企业盈利。

层面四：有利于企业降本增效。该市场可以帮助企业生产适合的产品，满足了市场又能加速商品的流转，企业可以大大地降低生产销售成本，还能加大生产批量，帮助企业增加收入。

细分市场吸引力的五个维度

选定的细分市场是否值得进入，可以从以下五个维度进行评估：

维度一：市场规模。市场规模决定企业发展的天花板，因此进入前一定要摸清该市场的规模大小。为什么到现在还有很多企业想要进入电商市场，即使现在电商市场已经有天猫、京东、拼多多这些巨头？是因为这个市场足够庞大，即使是细分出来的市场也可以支持很多企业发展。

维度二：市场增长率，是指这个细分市场处于哪一个发展阶段。如果其中的代表性企业已经连续 3 年没有增长，或是该市场也未有新的企业进入，那代表这个市场已经饱和，已经发展到后期，即使再细分也很难找到新的利润增长点。

维度三：利润潜力，指企业未来的获利能力，对企业未来的发展有着重大影响，其主要包含三个方面（见图 3–4）。

维度四：战略价值。要明确这一细分市场的确定对企业未来发展是否能起到战略性的作用，是否会影响企业未来的生死。对于大企业而言，这个细分市场即使确定错了，也拥有试错的机会，但对于初创企业，一旦细分市场确定错误可能就无法挽回了。现实中，不少初创企业就是因为选错细分市场而导致失败的。

直接/间接竞争　　　　是指竞争对手占据的市场份额

进入威胁　　　　是指企业进入后是否会受到先行者的打压

客户/供应商压力　　　　是指企业能否以最低的成本获取最大的客户价值

图3-4　利润潜力三要素

维度五：独特价值，是指这个细分市场是否足够独特，能对消费者产生巨大的吸引力，为这个细分市场打造出的产品是否能吸引到其他市场的消费者。就像是小米将自己的产品定位为"高性价比""为发烧而生"，就吸引了不少国外手机品牌的消费用户。

6. 衡量：企业情况需与细分市场匹配

并不是找到细分市场的空白点企业就无须担心该市场有其他竞争对手了。即使这个细分市场中你是先行者，也可能受到后来者的威胁，从而处于弱势地位。因此，选定目标市场后，企业还要评估自己在该市场中的竞争地位。

企业的差异化能力

奇瑞捷途，这个品牌诞生于中国汽车市场出现首次下滑的2018年，整个行业生存艰难。作为新品牌，捷途也不得不面对所有新品牌都须回答的问题："为什么有了它们，还需要你？"

捷途的回答是：捷途是针对多人口家庭、假日出行旅游所定制的"旅行＋"全新细分市场的新品类产品。

与传统汽车品牌不同的是，它瞄准的不是个人，而是多人口的家庭用户，因此推出的车型都是5座以上的多座位车型，同时与旅行需求相结合，打造适合多人口家庭出游的新汽车品类。所以，当竞争者都在SUV这一领域抢夺市场份额的时候，捷途用明显区别于其他品牌的个性特质和价值主张，吸引一批有共鸣的用户，从而成功打造了品牌差异化。

企业寻找细分市场是因为市场同质化太过严重，想要获取新的机会就必须打造出如捷途一样的差异化产品，但如果企业不具备相应的能力，找到了也无用。这个能力主要是指创新能力、技术能力、研发能力、人才储备资源。只有从多个维度上构建起来的坚实的差异化壁垒，才能获得细分市场带来的红利。

（1）创新能力。尤其是对于有一定历史的品牌，需要寻找新定位去激发新的增长点。这就需要企业能在思维模式上进行革新，领导者须具备前瞻性的视野，敢于打破传统框架，鼓励团队去尝试、去研发新的品类。企业的创新能力对于产品或服务更为重要，能留住细分市场的消费者，其产品服务一定要有独特的设计理念或是功能上的创新。

（2）技术能力。打造新鲜独特的产品，需要核心技术的支持。它不仅能让产品在细分市场上形成技术壁垒，阻止竞争对手的模仿，还有助于提升产品的技术含量与附加值。比如大疆无人机能成为全球无人机市场的知名品牌，就是因为拥有了他人无法轻易超越的关键核心技术。

（3）研发能力。这是企业能保持持续创新能力的关键，企业需要不断地推出新的产品或功能留住消费者。同时，研发能力也是企业能否再次开发新的细分市场甚至在细分市场中再细分出一个市场的关键。

企业的成本优势

企业运营的目的就是盈利，但是如果打造的差异化产品成本过高，想要在细分市场上具备价格优势，就需要压缩利润空间。企业的成本优势具体体现在以下几个方面：

（1）定价优势。拥有成本优势的企业在定价上具有更大的灵活性，能在保证利润的同时，以更低的价格销售产品，从而吸引更多消费者。

（2）提升竞争力。低价策略可以让企业在细分市场具有更强的竞争力，同样，低成本也意味着企业能有更多的资源投入产品研发、宣传推广、客户服务等方面，增加消费者的忠诚度。

（3）扩大利润空间。在相同销售额的情况下，成本优势能给企业带来更高的利润空间，这些利润可以转化为其他能推动企业持续发展的行为。

（4）提升运营效率。成本优势往往伴随着高效的运营管理，企业的生产流程、管理流程不断地被优化，运营效率不断地被提高，最终转化为生产成本的不断降低，形成一个闭环。

（5）高资源利用率。越是有成本优势的企业，资源利用率就越高。企业通过精细化管理，减少浪费和不必要的支出，提高资源的利用效率，有效降低生产成本，让企业的成本优势进一步扩大。

小米能将"高性价比"作为自己的品牌定位之一，并实践到底，就是因为小米拥有成本优势。能在保证企业利润的同时，用最低的生产成本来制造产品，再通过价格优势吸引众多消费者。这也是小米品牌拥有众多粉丝的原因之一。

企业的资源匹配度

为选择的细分市场匹配资源是企业获取竞争优势的关键，但现实中有不少企业忽视了这一点，认为只要进入了细分市场自然就能获得相应的竞争优势。其实，细分市场只能保证企业找到了正确的发展方向，而能否在该市场取得最终的成功，还需要企业提供相应的资源支持。

如何评判企业资源与细分市场是否匹配？企业先要明确细分市场的独特性与具体需求，比如市场规模、增值率、竞争格局、消费者偏好、政策环境等，再通过各种调查分析构建出细分市场的详细画像，作为资源匹配的依据。

（1）有形资源的匹配。主要包括以下方面（见表3-2）。

表3-2　有形资源的匹配内容及影响

类型	内容	影响
财务资源	资金状况、融资渠道、成本控制能力	决定企业是否能在细分市场持续拓展
物力资源	生产设备、研发设施、物流网络	与企业是否能满足细分市场需求的速度和质量相关
技术资源	产品研发、制造工艺、信息技术	决定企业是否能生产满足细分市场需求的产品，并形成技术壁垒

（2）无形资源的匹配。比如价值观、使命、愿景决定了企业在细分市场的行为方式和决策逻辑，还决定了是否与细分市场目标人群匹配、消费者是否能被企业的文化所吸引。此外，企业员工的专业知识、学习能力，是企业能否在细分市场获胜的关键。

（3）资源匹配度的评判标准。主要参考四点：

①企业是否有足够的资源来支撑在细分市场上的竞争需求；

②企业的资源是否能够满足细分市场的特定需求；

③企业各项资源之间是否能形成有效的系统效应，如电子产品行业就需要强大的研发能力与高效的供应链管理能力的协调；

④企业的资源在细分市场上是否具有长期竞争力，可支持企业的长期发展。

7. 描述：用一句话让用户记住自己

做营销，首先就要向目标用户介绍自己，大方秀出真我，还要秀出目标用户感兴趣的内容。其实，很多时候，看似复杂的事务，解决方法可能异常简单。比如，要想让用户在细分市场上记住你，只要一句话即可。

一句话说出来，一下吸引住用户

事实证明，只要找到了能打动用户的点，只用一句话，就能成功吸引住用户。那这句话是怎样的呢？

（1）说得清。说得清，就是说清"我是谁"。具体来说，就是把已经找到的能打动用户的那个点表达出来。关键在于，这个点的表述不能面面俱到，要触及本质，去掉细枝末节，用最精简的语言说清楚；这句话要特别"高大上"，这句话代表自己的形象，要有"格调"，追求语言上的"高级"；使用通俗易懂的语言，甚至口语化的表达，更容易达到这样的效果。

（2）记得住。记得住，就是这句话要能轻松地被用户记住。什么样的东西更容易让人记住？一般具备"简约、具体、意外、可信、情感、故事"等六大特点。

简约：用最简洁的方式，表达唯一主题。

具体：说具体的事物，而不是抽象概念。

意外：内容出人意料。

可信：内容让人信服。

情感：能让人被打动。

故事：一个好故事，人人都爱听。

当然，这六大特点，符合得越多，越容易被记住。

（3）传得开。愿意传出去，就是用户乐意主动分享这句话。什么样的事情，什么样的话，能让用户主动分享？答案是：意外的事。因为，人们一般都乐意去传播新鲜事。自己知道了一件新鲜事，别人不知道，分享出去，自己就觉得很有面子。

提炼你的超级口号

超级口号可以展现产品的独特售卖点。在同行业激烈的市场竞争中，只要能抓住独一无二的商品价值，就给了消费者选择你的理由。那该如何提炼你的超级口号？超级口号的提炼要符合四个原则。

（1）突出优势。即依托产品特性，凸显独特卖点，让品牌在竞争中拥有差异化优势。如：OPPO"充电五分钟，通话两小时"这句广告语，虽然只有十个字，却开创了一个时代。这句广告语直击消费者痛点，彰显出OPPO手机续航能力的优势，与其他手机品牌做出差异化的同时，也加深了人们对OPPO手机的了解。

（2）突出利益。即从用户的角度出发，提炼产品的核心价值，转化为消费者能感知的利益点。比如，广告词"瓜子二手车直卖网，没有中间商赚差价"，集产品卖点、好记易传于一体，准确表达了在这个平台上买卖二手车的优势，解决了二手车市场的痛点，并将它转化为消费者可以清晰感知到的利益。

（3）突出场景。即为产品打造一个独特的消费场景，将产品与消费者需求联系起来，建立并不断地强化一对一的联系，让消费者需要的时候首先想到你。比如，淘宝App一句简单的标语"太好逛了吧！"，就是淘宝正式官宣的全新品牌主张，透露出淘宝的期望，即让用户逛淘宝时有更强的体验感，获得更多发现的乐趣。

（4）突出理念。即传递品牌的理想使命，放大美好愿景，展示未来场景，激发消费者的购买欲望。比如，方太"因爱伟大"的广告语并不是虚言，其以发布会、品牌广告和产品广告，持续不断地把爱融入品牌故事，一步步走进消费者的内心。

8. 传播：重复再重复，简单高效地让用户记住

"重复"是一根神奇的魔法棒！无论在传统媒体时代，还是新媒体时代，重复，看似是一种简单的行为，却蕴含着巨大的力量，能够帮助品牌在消费者心中留下深刻的印记，强化品牌形象和信息，创造出令人瞩目的市场效果。

虽然今天在市场上已经看不到脑白金的身影，但很多人至今还记得"今年过节不收礼，收礼只收脑白金"这句广告词。想当年，脑白金在各大电视台高密度、长时间地投放广告，不断重复这一简单易记的广告语，当消费者面临送礼难题时，一下子就能联想到脑白金。

此外，广告中的"爷爷、奶奶跳舞"的形象活泼有趣，增强了广告的吸引力和亲和力，最后在"洗脑"式的重复中给消费者留下了独属于脑白金的品牌印象。

传播的本质在于重复

在营销界，有一个通行法则"七次定律"，即潜在顾客只要平均接收企业宣传信息7次以上，就能真正了解并熟悉产品，进而考虑发生购买行为。所以，"七次定律"的核心不是具体影响7次或8次，而是重复的力量。

因为在人的大脑中，存在着一个被称为"潜意识"的深层区域，对决策、行为发挥着至关重要的影响，并无法被察觉。不断重复的信息进入这个无意识的区域后，大脑便会将这些信息当作自己的思考判断，从而影响行为，做出购买决策。

比如：

"充电五分钟，通话两小时。"

"要想皮肤好，早晚用大宝。"

"我们只是大自然的搬运工。"

"不是所有牛奶都叫特仑苏。"

这些"不断重复"的广告词，威力着实惊人，原因就在这里。

一句话说1万遍，比1万句话说一遍，更能被人牢记

（1）重复音乐，强化听觉记忆点。当一段音乐在人的脑海里被强化时，我们会因为一段音乐而记住一个产品，记录一段时光，忆起生命中的某个人。

（2）重复广告语，强化思维记忆点。广告语是企业营销的精华，能用七八个字说清楚，就别用几十个字去描述。

（3）重复画面，强化视觉记忆点。一幅画代表一个品牌，当这幅画重复出现在你面前时，你就会想起它。

（4）重复频次，强化习惯记忆点。固定的时间，听到相同的声音，逐渐形成习惯记忆，形成对某个品牌具体的画面。

（5）重复媒体，强化渠道记忆点。连续给一个女孩送100次花，与给100个女孩每人送一次花，效果完全不同。

（6）重复年限，强化时间记忆点。一件事情坚持一年没有什么，但坚持三五年，效果完全不同。

第四章
人效管理：降本增效不是裁员和加班

或是出于大环境的原因，或是出于企业本身的原因，很多企业都在降本增效，然而有些企业的降本增效非常粗暴，要么就是裁员，要么就是疯狂加班。好像把员工裁掉剩三分之一，让一个员工出三个人的绩效，企业的问题就能得到解决。这是极为错误的认知，降本增效不是靠裁员，而是靠人效。

1. 人效——企业野蛮生长后的第二曲线

近几年，全球许多大企业都在裁员，一是受大环境的影响，二是很多企业因为赶上了风口与政策红利，盲目扩张、野蛮生长，但过了风口或是大环境不好了，市场需求下降，企业生产力过剩，导致人员成本增长，为了解决这个问题，开始裁员。

然而，裁员真的能彻底解决问题吗？

答案显然是否定的，虽然裁员可以让企业减少人员支出成本，但这只是暂时的。真正的降本增效并不是靠裁员裁出来的，更不是靠员工不断加班加出来的，而是靠人效管理。

什么是人效？

就是指人力资源的投入产出。

什么是人均效能？

就是指单位每个员工投入所获得的回报。

什么人效管理？

即人力资源效能管理，强调以人效为核心来诊断组织状态、制定战略规划、落地人力配置、优化人力职能，从而提高企业的整体运营效率与盈利能力。

人效管理是针对企业野蛮生长后产生的副作用的"良药"，也是企业推进精细化管理的核心，能给企业带来新的增长动力。

人效管理的作用

为什么强调企业降本增效要通过"人效管理"实现？是因为它能起到以下五个作用：

（1）可以提升整体绩效。通过科学的人效管理系统，合理有效地管理员工绩效，确保每个员工都能为组织目标贡献力量。人效管理系统可以帮助企业建立全面的绩效评估系统，合理评价员工的日常工作表现，准确反映员工的工作能力与贡献。如此，企业就可根据绩效情况进行合理激励与奖励，从而提升员工的工作积极性，最终提升企业的整体绩效。

（2）建立合理招聘系统。可以帮助企业建立一套更为科学的岗位设定与招聘标准，让招聘的每个人才都能在匹配的岗位上发挥出他的其工作能力。可以有效降低企业的人才流失率，提高团队稳定性，最终降低企业的人才培养成本。

（3）促进人才的发展。人效管理可以帮助企业对员工进行合理的分级与分档，根据员工的绩效评估结果为其进行匹配的培训，并帮助其进行专业规划和提升，最终为实现企业的可持续发展提供人才保障。

（4）减少人员闲置浪费。做好人效管理，就可以发现员工与岗位的不匹配性，把合适的员工放到合适的位置上，让其发挥出应有的工作能力，同时也可以发现员工工作的不饱和度，帮助其合理规划工作时间，减少闲置浪费。一旦发现工作能力不达标或是工作态度问题导致的工作效能低下，企业就可以采取相应的措施。

（5）降低产出人力成本。员工工作效率高、质量好，从成本角度来看就能降低单位产出的人力成本，从而提升企业的利润空间，进一步帮助企业实现降本增效的目标。

人效管理的误区

有领导者意识到了人效管理的重要性，早早地就在企业内部实施起来，然而效果并不如预期，究其原因，是走进了以下误区：

误区一："一刀切"。企业突然开始执行人效管理，在所有人都还未有心理准备之前，人效指标就成了一个在人力资源工作上压倒一切的存在，以人效水平来严格核定各个部门或员工个人的水平，完全不考虑其中的差异，直接进行强考核。

误区二："做龟缩"。对于传统的人力资源专业来说，人效是新鲜事物，他们不懂得如何提升产出比，只知道减少人员或降低人工成本。所以，他们采取的方法就是"做龟缩"，也就是裁员。企业应以合理的人力投入推动各类产出，实现人力投入和产出的优化平衡。

误区三："新瓶装旧酒"。人效热度越来越高，大多数企业都进行了人效管理，但是仔细分析发现，有些是新瓶装旧酒，用传统的人力资源管理方式去实施人效管理，企业应根据自身实际情况选择合适的人效指标库，并基于不同的人效指标调整队伍状态和职能运作。

误区四：没有与业务结合。许多企业认为人效管理只是人力部门的事情，实际上，人效管理是整个企业的事情。在实施过程中，没有与企业各部门协同，导致对业务缺乏理解，制定出了不合理的指标。企业应让整个组织都参与进来，并与业务深度融合，确保人力部门在理解业务的基础上实施人效管理。

2. 人效管理要与商业模式连接

产业链中的附加值更多的是由专利、技术和品牌、服务来体现的，组装、制造的附加值最低。比如手机行业，拥有技术研发和核心制造能力的企业通常是处于产业链的中心，这些企业能获得较高的利润；而负责组装、制造手机的企业，它们面临着成本压力，利润空间较小，只能通过规模效应和低成本优势获取一定的利润；而负责为手机品牌做营销和服务的企业，它们的成本压力则较小，利润空间也相对大。

由此可得出一个结论，企业的商业模式对企业经营结果有巨大的影响。同样，商业模式对企业人效管理也有着极大的影响。所以，要提升人效就要与企业的商业模式做好连接。

通过对商业模式的分析，我们总结出对人效管理最有影响的三个要素。

商业模式对人效的影响

当企业发展到一定规模时，必然会遇到瓶颈，而突破瓶颈的方法就是向价值链的上下游衍生，从一个细分领域发展成一个产业。

上游衍生：原材料采购、设计研发环节。控制这些最能产生价值的环节，企业就能更好地控制成本、品质和创新，减少对外部供应商的依赖，提高自身竞争力。

横向衍生：在原有的领域中开拓新领域与新市场，吸引更多的客户群体，增加市场份额，但这需要企业具备整合能力。在这种情况下，企业可以把原有的冗员放到新开拓的领域中，或者是让他们去开拓新的市场，避免人员闲置给企业带来的成本压力。

下游衍生：产品销售和售后服务等环节。企业可以通过直接与客户接触并提供解决方案，给产品带来更多的附加值，增加收入来源。与生产制造相比，下游价值链属于轻公司经营模式，无须承担太多的人力成本。

销售模式对人效的影响

销售模式通常分为直销、分销、特许销售、电商销售、网络直播等，不同的销售模式有不同的优势，企业应根据实际情况灵活变换以提升人效。

直销模式需要企业设置大量的人员才能实现，因此企业需要承担一定的人力成本，同时也要求企业有较高的员工管理能力。

分销模式和特许销售模式是指把产品分销给代理商、经销商，这种模式企业投入较少，对自身的人力资源要求并不高，可快速帮企业提升人效。

电商销售和直播销售是互联网时代的主流销售模式，企业只需设置少量的客服或主播即可实现销售，但这要求企业有强大的供应链体系、仓储能力、物流能力，同时品牌要有一定的知名度。如果具备这些条件，这类销售模式无疑是所有销售模式中人效最高的。

交付物对人效的影响

交付物是指企业为消费者提供的产品，不同形式的交付物，对企业人效的影响不同。

如果企业一般的交付物是标准化产品，就可以通过为标准化产品补充定制化服务，以满足消费者个性化的需求，从而提升产品的附加值与人均利润。比如乐高，就是将定制化服务与标准化服务相结合，除了销售标准化的产品，消费者还可以在店铺中使用定制化工作站，根据自己的喜好和创意搭建乐高模型。

如果企业主要是为消费者提供定制化的服务，就可以把定制化服务进行标准化处理，在满足客户个性化需求的同时，实现规模生产和效率的提升，有效降低生产成本，实现人均营业收入的提高。

除此之外，企业还可以通过为忠实消费者提供更多的周边产品来实现附加销售和交叉销售，进一步提升客户价值与人均营业收入。因为忠实消费者对品牌有强烈的依赖与忠诚度，对企业的产品接受度非常高。

3. 组织管理模式决定人效管理结果

为什么一些企业即使在行业隆冬，也很少有裁员的现象？比如华为。因为华为的组织管理模式常合理且完善。组织的架构、分工、流程决定了组织运转的方式，如果设置不合理，就会让企业产生内耗，或是造成资源的极大浪费。

大多数传统企业采用的组织形式都是层级化的，因为它有助于稳定和控制，但随着企业规模的扩大，层级化的组织架构会引起下列三种问题：

（1）业务不断发展，在组织上机构增设越来越多；

（2）因业务精细化需求，在组织上增设更多层级；

（3）配套机制不完善，导致流程混乱，在岗人员能力达不到岗位需求。

为了更好地提升人效，企业必须对组织架构进行优化。企业组织一向讲究分工，分工虽然有利于把工作做得更细，能迅速培养专业人才，但不是越细越好。过分细致的分工会导致办事程序的复杂化，增加部门之间的协调工作量，降低工作效率。

所以，为了合理分工，并消除层级化组织带来的弊端，同时为适应经济环境和竞争环境的变化，企业可以设置扁平化的组织架构，减少管理层级、压缩职能机构、剪裁无价值岗位，把组织决策层与操作层之间的中间管理层减到最少，让企业的决策能以最快速度传递给操作层。

什么是扁平化的组织架构

扁平化组织是现代企业组织形式之一，是指管理层次少而管理幅度大的一种组织结构形态。这种结构重新定义了企业内部的纵向沟通渠道，即上下级与领导者之间的信息传递路径，同时也优化了平级部门间的横向协作方式，以及组织整体与外部环境的交互模式。扁平化组织确保了信息流通的迅速性与高效性，从而加速了决策过程，提升了企业的响应速度和市场竞争力。

比如韩都衣舍这样的互联网企业，就是采取的扁平化组织模式，但它的扁平化模式有其自身的独特性，采取的是"大平台＋小前端"的组合形式。总部为大平台，并建立了七个支撑体系，然后衍生出 300 个左右的产品小组。这些产品小组一般是由三个不同职能部门的员工组成的，后方的职能部门为这些小前端提供支持。

通过这些小前端，韩都衣舍可以及时了解市场的需求，响应市场，推出更多的爆品，为韩都衣舍带来了更多的利润。而三人小组的竞争机制的设置，也保证了韩都衣舍的人效达到了最佳。

扁平化组织的优势

现在大部分的企业都开始尝试进行扁平化组织架构的搭建扁平化组织架构的搭建。其优势具体表现在以下几点：

（1）层级少且更加紧凑。企业内部的交流更加高效，市场需求能第一时间传递给管理层，管理层能把决策信息直接触达执行层。

（2）分工更加明晰。扁平化组织分工明确，分配层级少，能让专业的人做专业的事，有利于工作效率的提升。

（3）员工更加专注。员工可以把时间精力花在工作本身上，无须担心部门间、上下级的矛盾问题，在一定程度上降低了公司内耗。

（4）运营成本低。因无须设置太多的层级，岗位数量大幅减少，在一定程度上降低了企业的人力成本。

扁平化组织的搭建

第一步：企业现状评估。包括现有的组织架构、管理层级、决策流程、员工素质、企业文化、企业的优劣势、威胁和机会等。

第二步：明确具体目标。企业搭建扁平化组织的目标是什么？例如减少管理层级、提高决策效率，最为关键的是要在有充分依据的基础上将这些目标量化，比如减少管理层级，要减掉多少层？

第三步：确定管理层。根据企业的业务规模、管理能力、员工人数、发展需求，确定合理的管理层级，管理层级要尽量少，但也要避免管理范围过大，导致效率低下。

第四步：划分职能部门。可以将传统的按职能划分的部门整合为以项目或业务为中心的小组，并赋予他们相对独立的决策权与执行力。比如韩都衣舍的三人小组。

第五步：明确岗位职责。确保每位员工都对自己的职责范围与工作目标有清晰的理解，减少工作交叉或重复劳动的情况。

第六步：建立沟通机制。因为管理层级较少，所以沟通在扁平化组织中是重中之重。需建立跨部门、跨层级的平台，确保信息的及时传递与共享。

第七步：建立评估机制。确保每个岗位与人员的匹配度，考核每个岗位的工作饱和度，并收集相关建议和反馈，在评估结果上对扁平化组织进行优化。

4. 不盲目裁员的前提是合理定岗定编

得物于 2024 年发布一封内部信函，宣布要裁员 5%。

得物的这一举动确实引起不少人的疑惑。因为得物近年来发展势头极为强劲。然而就是在这种有着亮眼成绩的情况下，得物为什么还要大规模裁员？其信函内容给出了答案，一是因为环境影响，企业要采取降本增效策略；二是项目投入产出比低，也就是人效不达标。

裁员不管是对企业还是对员工都是巨大的伤害，是否能提前避免这种情况发生呢？当然可以，就是合理地定岗定编。

定岗定编与企业业务目标的落实、员工能力和数量的匹配紧密相关，因此，科学合理的规划可以达到人才与岗位的高度匹配，有效提升组织与个人的绩效，降低企业运行成本，提升企业效能。然而，什么是合理的定岗定编呢？并没有标准答案，每个企业都有自己的特点，对此的要求均有所不同。但有一些基本的原则和方法是通用的，可以保证企业把握住定岗定编的大方向。

岗位分类

汇集企业所有的岗位，并将岗位进行分类，目的是确保企业岗位设置、人员编制和人员配备的科学性和合理性。通过分类，企业可以根据岗位特点制定人员匹配策略，进行人效优化。岗位可根据以下维度进行分类（见表 4-1）。

表4-1 岗位分类维度

业务类岗位	负责企业的市场开拓、客户维护、销售	客户经理、销售代表
职能类岗位	提供企业内部的管理、服务支持	HR、财务、行政
管理类岗位	负责企业的整体运营、管理、决策	总经理、部门经理、总监

岗位设置

为什么企业会产生那么多冗员？是因为事先设置了很多多余的岗位，这些岗位并不能为企业带来适当的价值。所以，要避免冗余，就要合理设置岗位。

对岗位进行分类后，就要分析这些岗位是否有存在的必要，另外还需要遵循以下原则：

（1）因事设岗。除了必要性的岗位外，如要增加新岗位，必须是为了达成某个企业目标或任务。

（2）价值为上。精细化岗位设置时，要从企业实际需求出发，明确设置的岗位确实是企业需要的，尽可能不设立对企业没有作用的岗位。

（3）有效配合。设置岗位时，要进一步明确主要责任与部分责任，以及协作性岗位与辅助性岗位，达到岗位间的有效配合。

（4）权责统一。除了明确各岗位的职责之外，也要赋予履行该职责所需的权限，保证权责相统一。

（5）管理幅度。为了便于管理，在设置岗位时要设计出合适的管理幅度，既要保证层级不能太多，避免多头管理，又要保证管理者能够直接有效地领导下属。

岗位定责

得物的内部信显示，裁员是因为人效差，很多项目完成得不理想，从而导致企业运营成本的增加。所以，在设置岗位时，要明确岗位的责任。岗位定责包含以下五项内容：

第一，根据部门、岗位种类确定职责范围，并据此确定需要用到的资源、要承担的工作指标。

第二，对岗位内容要有清晰的描述，保证岗位负责人有清晰的了解。

第三，明确履行工作职责的标准是什么，也就是时间、数量、质量、完成率或其他指标。

第四，要结合岗位特点进行内部外部对标，参考同行企业的数据和经验，确定该岗位职责的合理性。

第五，对岗位的实际工作量进行调查，确保该岗位的工作饱和度达到标准。

岗位定编

设置好岗位后，企业一定要明确每个岗位需要的人才数量，以及人才标准，如此才能避免产生冗余，实现最佳的岗位匹配，最终达到提高人效的目标。

因为每个岗位的性质不同，需要的人数也有所不同，以生产类岗位为例：

一是根据生产任务量和员工工作平均效率来计算该岗位的数量；

二是根据设备需要开动的台数与班次来定员。

除了人员数量，岗位所需要的人才标准的制定也非常重要，只有符合该岗位能力的人在该岗位上就职，才能发挥出该岗位应有的作用。就像明明是技术型人才却让其任职管理类岗位，不仅无法发挥出岗位的作用，也让"英雄无用武之地"，甚至还可能因为"外行"乱指导，导致经营风险。

表4-2　某公司销售部定岗定编表

岗位	编制	实有	缺员	备注
销售部部长	1	1	0	1.负责协助上级领导制定公司的销售规划、市场区域规划及定位、产品和品牌的规划及推广 2.负责公司与销售相关的日常管理工作 3.负责本部门的人员培训

续表

岗位	编制	实有	缺员	备注
大区经理	2	1	1	1.协助上级领导制订公司的各类销售计划、产品推广计划 2.负责本大区客情关系的维护、合同的洽谈、业务经理的管理 3.负责对一般客户的需求分析，形成书面报告汇报给上级领导
业务经理	7	5	2	1.负责收集本区域的市场调查、竞争对手分析、重点客户的调查 2.负责本区域客情关系的维护、客户的洽谈、市场的开发 3.负责应收账款的回收
销售内勤	3	2	1	1.负责客户的订单处理 2.负责与客户、财务的日常账务明细 3.负责部门的各项报表
仓管员	1	2	−1	负责产品的出入库、仓库盘点、库存防护
调度员	2	0	2	负责车辆的调度管理，制定车辆的运输费用标准
搬运工	20	15	5	负责货物的装卸

5. 把人才"盘出来"，就是把高效找出来

　　人才，作为知识的载体、技术创新的源泉，能为企业提供持续发展的动力，对于提升企业竞争力有着不可替代的作用。因此，各大企业都把人才体系的建设作为重中之重。

　　每个企业性质不同、需求不同，但是一些通用的原则和方法是企业在建立人才体系、进行人才盘点时需要掌握的。

从核心价值链识别人才

企业的竞争力就是价值链，对于一家企业而言，价值链可以有很多条，但一定有一条是最核心、最基础的，其他的价值链多是核心价值链的衍生与增值。因此，我们对于人才的投入重心也应放在最核心的价值链上。适配的人才可以让企业在价值链的某个环节中创造出比竞争对手更多的价值，企业的竞争力也就跟着上来了。

比如某企业的经营活动主要分为两类：一是管理增值活动，主要发生在人力资源管理、财务会计、审计等部门，通过为基本增值活动提供支持辅助而产生价值；二是基本增值活动，主要发生在产品研发、生产制造、产品市场等环节，直接为客户创造价值。

由此可见，基本增值活动就是企业的核心价值链，是企业能提升竞争力的地方。因此，企业应加大对这些环节人才的投入和培养，比如通过设立优渥的薪资、激励机制来吸引更多研发人才的加入；如果企业想要提高市场知名度与市场覆盖力，就可以多关注市场、销售等前端人才。

不同人才类型激发不同方面的人效

在识别出关键人才后，就要对人才进行分类，在不同人才策略的指导下，企业就可以明确不同人才带来的人效提升逻辑。

总的来说，人才大体分为以下四类（见表4-3）。

表4-3　人才分类

关键人才	中高管、高级研发人才
高执行力人才	一线或中基层强调执行的人才
高性价比人才	能拉动业绩的销售人才
团队型人才	项目制的研发工程师

关键人才一般具有高能力、高经验、高影响、高资源掌控力的特点。这类人才对于企业的效用不是让其身兼数职，而是起到以点带面、支撑和

带动团队甚至整个企业的作用，就像是咨询公司合伙人、总监的知识背景、逻辑能力、人脉资源，可以让其在工作中发挥作用，并为公司开拓更多的合作机会。

高执行力人才服从性高、行动力强，对制度、流程、标准依赖性强。劳动密集型的企业更需要采用高执行力人才策略，因为企业要先制定完善的标准、高效的流程、严格的标准让高执行力人才去执行。

高性价比人才是指通过个人努力就可以明显提高绩效的人群，如销售人才。对于这类人才，最理想的状态是实现个人与企业的双赢。因此招聘时要选择有类似行业经验或自带资源的人；培养时要以短期内使其产生业绩、创造为目的；考核上要简单而聚焦，制定合理的业绩指标；激励上，加大浮动比例，确保薪酬竞争力。

团队型人才并不要求事事都懂、面面俱到，但要有核心技能，与团队能互补，更主要的是协作沟通能力要强。对于这类人才，要考虑与团队成员搭配是否合理，关系是否协调，资源是否可以在团队间共享，考核激励也应以团队为单位。

人才需要识别，更需要甄别和培养

人才的识别、分类、激发对于企业很重要，但对人才的甄别和培养也同样重要。前者可以最大限度地降低人才招聘成本，后者则可以为企业建立人才梯队，为后续的人效提升做好准备。

华为自成立以来就把人才体系搭建的工作放在了重要位置。在招聘上，华为采取精准选才的策略，注重人才的甄选与配置。为了精准识别人才，华为采用 STAR 行为面试方法，这种方法是指对过去关键行为的描述，有助于华为准确判定应聘者的素质和技能。华为除了注重单个的人才选择，更注重组建团队，让核心人才的分工搭配更加合理。华为执行"狼狈计划"，进行团队正职与副职的搭配，搭配原则就是核心价值观要相同，能力优势能实现互补。

在培养上，华为设置了三个成长阶段（见图 4-1）。

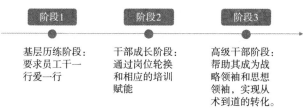

图4-1　华为人才培养三阶段

　　为了更好地培养人才，华为开设了华为大学，针对不同阶段的员工进行不同的课程培训。比如干部，要求其进行青训班的培训，对于高级干部，则要求其必须参与华为大学的干部高级管理研讨班。

　　此外，华为还设置了导师制度，强调用最优秀的人培养更优秀的人。导师制将伴随员工度过在华为的整个职业生涯，为员工提供职业发展的帮助与指导。导师会在员工的职业生涯中充当教师、教练、辅导员、榜样、能力与潜质的开发者、值得员工信赖的保护人、技术带头人、提携者、提供机会和纠正错误者、思想引导者等。

　　华为独特的人才观及培养机制，让每一个华为员工都充分发挥出了其工作能力与潜力，为华为创造出了最大的效益。

　　华为的方式值得我们学习，但也要根据自身实际情况做设计。

6. 对人才进行分类并唯才是用

　　世界上最大的浪费，不是水浪费，也不是能源浪费，而是对人才的浪费。要善于发现员工的优点，抛开偏见，不拘一格降人才。

公司最大的浪费，就是人才错配

　　作为管理者，至少要学会识人和用人，会找到合适的人，并将其放在合适的位置上。但，这绝对不是一件容易的事情。即使想做到人尽其才，但也容易出现人才错配的情况。想当年，韩信在项羽帐下担任郎中就是明显的人才错配，后来韩信到了刘邦帐下成了征伐四方的统帅。其实，这样的人才错配现象古今都有，随处可见。

（1）小材大用。揠苗助长式用人，将士兵当排长用、排长当连长用，很容易导致人岗错置。

（2）大材小用。职场中，大材小用很容易造成人才的浪费。而优秀人才不能被重用，原因有很多，比如：被领导排挤嫉妒；没有遇见真伯乐，领导庸庸碌碌，发现不了他的长处。

（3）大材错用。没有用人所长，把人才放在了不适合的岗位上，就是大材错用。比如，财务岗位，本应该配一个严谨认真、擅长细节分析的人，却配了一个大大咧咧、擅长交际的人，这就是人岗错配。

（4）人材多用。企业人浮于事，岗位上本来只需要配一个人就可以，却让多个人共干一岗，结果非但没有产生更大效益，反而变成了三个和尚没水吃；或者变成各出各的力，制造一堆事。所以，要想减少人才浪费，就要根据实际情况，对岗位进行人工分配。

人才分类

企业中的各类人才可以分为四大类：

（1）帅才。这种人具有战略意识、大局思维，懂得排兵布阵，可担任董事长、总经理、总裁等。

（2）将才。这种人往往身怀绝技、一马当先、体恤下属、战无不胜，可担任总监、经理、主管等。

（3）谋才。这种人思维缜密、逻辑严谨、运筹帷幄，可担任管理咨询师、内部培训师、职业规划师等。

（4）干才。这种人往往默默无闻、任劳任怨、业绩突出、不断进取，可担任高级技工、工程师等。

企业要想做大做强，就离不开这四类人才。员工只要能成为这四类中的一类，企业就应重用。

除了这些类别之外，剩下的人可以归为庸才和废才。

（1）庸才是指每天在公司混日子，当一天和尚撞一天钟，领导安排干什么就干什么，只为领个死工资，不思进取之人。

（2）废才是指没有能力或能力不强，但在公司到处散播负面能量，巴不得公司早早倒闭的人。这种人一经确定，就要立即辞退。

用人原则

优秀的领导都懂得识人之明、用人之长，都有自己的用人原则。

（1）重视品德。这是优秀领导用人的首要原则。从企业用人的角度来讲，这里的德就是指职业道德，比如：爱岗敬业、诚实守信、保守机密、遵纪守法、坚持准则、廉洁自律等。

（2）将合适的人放在合适的位子上。要想激发员工的工作动力，让他们创造最佳业绩，就要将人才放在最适合、最能发挥才能与特长的岗位。

（3）扬长避短，发挥长处。领导的用人之道，最重要的，是要善于发现、发掘、发挥下属的一技之长，然后，扬长避短，量才适用。

（4）用人要疑，疑人可用。对于领导来讲，疑人不用，用人不疑，只是初级阶段。只用而不疑，企业迟早必乱；只疑而不用，人才会越来越少。正确的态度是：用人要疑，疑人可用！这个"疑"主要是指约束和监督机制。敢用疑人，会用疑人，企业的人才才会用之不竭。

（5）不求全责备。人非圣贤，总有瑕疵，领导要有宽容之心，不要求全责备；要抛开对下属的种种偏见，耐心观察每位下属的表现，发掘他们的潜质，并加以训练与鼓励。

（6）不论资排辈。论资排辈是指以个人的学历、职称、年龄等因素作为选拔人才的主要标准，而忽视了个人的实际能力和潜力。这种方式可能导致人才浪费和人才短缺的问题。

合适的人才放在适合的位置上

选用人才，能力固然是首要考虑的，但个人的能力必须与职位相结合，这就是企业用人的适合原则。企业用人不能只看能力大小，更要看其适不适合某一职位。最好能做到人尽其才，既不能大材小用，也不能小材大用。

不同的岗位有不同的人才需求，不同的人才有不同的岗位适应性。领导在选拔或培养人才时，要把下属放在与其能力相匹配的最适合的岗位，以便发挥他们的最大价值。

7. 高人效取决于高适配的激励

在竞争激烈的商业环境中，人工、原材料等各项成本不断上涨，为了保持竞争力，企业需要提升人效。

对于企业，尤其是民营企业，提升人效有诸多好处，比如：可以提高生产效率，降低人工成本，提高员工的满意度和忠诚度，提升团队合作效率，进而提升企业的竞争力。换句话说，提升人效有利于提升企业价值，提高投资回报率。

激励是提升人效的重要手段。企业需要制定合理的激励制度，激发员工的工作热情和积极性。

激励员工很重要

激励，可以激发员工的热情和雄心，让他们在工作场所取得更好的表现。

（1）更高的利润。员工积极主动，就能创造更多的业绩，企业就能获得更高的利润。

（2）更高的员工敬业度。员工有了工作热情，就会更加关心自己的工作，并与公司的使命联系在一起。

（3）提高生产力。积极进取的员工，往往是自我激励的人，他们具有优秀的时间管理能力，较少拖延，因为他们会优先考虑对他们来说重要的工作。

（4）更快乐。低工资、缺乏晋升机会以及在工作中感到不被尊重，是很多人辞职的关键原因。通过不同形式的激励，能鼓舞团队，让员工感受到工作的乐趣，创造一个更快乐、更鼓舞人心的工作氛围。

（5）更高的员工保留率。流失一位员工，可能会使企业损失这位员工6倍的月薪，而要想将他们留下来，就要让他们感到被团队重视。

有效激励员工的八种模式

要想激励员工，可以采取以下八种模式：

（1）榜样激励。在任何一个组织里，管理者都是下属的镜子。良好的领导作风，不仅是无形的命令，也是有形的榜样，能潜移默化地在组织中树立起领导的威信，产生极大的影响力，对个体行为起着极大的激励作用。

领导是员工模仿的对象，在激励别人之前，先要激励自己；要让下属高效，自己不能低效；做到一马当先，身先士卒；塑造起自己精明强干的形象；用自己的热情，引燃员工的热情。

（2）目标激励。人的行为往往都是由动机引起的，动机是行为的一种诱因，也是行动的内驱力，对人的活动起着强烈的激励作用。而目标激励就是通过设置目标，激发员工的动机、引导员工的行为。要激发员工的工作主动性，就要让员工对企业充满信心，用共同目标引领全体员工；平衡长期目标和短期任务；让员工参与目标制定；规划出目标的实施步骤；避免"目标置换"现象的发生。

（3）授权激励。人往往都有进取心、成就感，职位越高、权力越大，掌握的资源越多，就越可能做出优异的成绩。对某方面做得比较好的人，可以适当给予其更大的权力。比如，用"地位感"调动员工的积极性；用"重要任务"激发工作热情；看准授权时机，选择授权方法；确保权与责的平衡与对等；做到有效授权与合理控制相结合。

（4）信任激励。上下级之间的相互理解和信任，是一种强大的精神力量，可以促进组织与员工之间的和谐共存，形成团队精神和凝聚力。信任是启动积极性的引擎，要充分信赖业务骨干，也要激发他们的自信。

（5）宽容激励。宽容是一种管理艺术，也是激励员工的一种有效方式。领导宽容对待员工，能给予员工良好的心理影响，使其感到亲切、温暖、友好，获得心理上的安全感。要想激励员工心甘情愿地为企业效力，管理者就要激励员工自省、自律、自强，比如：员工犯了错，给他们一个改正的机会；善待"异己"，收拢人心；要能容人之短，用人所长。

（6）竞争激励。在企业内部建立良性的竞争机制，充分调动员工的积极性、主动性、创造性和争先创优意识，提高组织活力。竞争能快速高效地激发士气，激活团队的潜力；同时，要引导良性竞争，避免恶性竞争。

（7）赞美激励。赞美能赋予人一种积极向上的力量，极大地激发人们对事物的热情。管理者要用欣赏的眼光寻找员工身上的闪光点；给员工戴"高帽子"，积极塑造员工；要赞美到点上；对新老员工，赞美要有区别。

（8）文化激励。企业文化是员工共同认可的特有的价值观念、行为规范及奖惩规则等的总和，能有效提高工作效率，产生强大的凝聚力。企业文化是长久而深层次的激励，管理者要用正确的企业文化提升战斗力，用企业价值观同化全体员工，用良好的环境体现企业文化。

总而言之，企业想要留住人才，并不断创造价值，就要不断改善公司的激励措施和企业文化，形成完善的激励体系。

激励员工的原则

对员工进行激励，要坚持这样几个原则：

（1）引导性原则。引导性原则是员工激励的首要原则，只有充分理解引导的含义和产生作用的方式，把握好激励的引导方向和力度，才能很好地实现激励的作用。激励引导的方向应该是企业期望员工努力和调整的方向，应简单清晰，切忌过多过杂，没有重点。激励引导的力度，是指用机制的设计引导员工行为，不要用过于生硬的规定要求员工的行为，保留员工发挥主观能动性的空间。

（2）明确性原则。只有明确了激励的目的、对象、内容、方式等，并使员工理解自己该做什么和怎么做能够获得激励，激励才有可能产生作用。这主要包括两方面内容：

①激励对象。哪些员工在激励范围内？要获得激励，员工必须做什么？有明确的要求，员工才有可能朝激励政策引导的方向努力。

②激励内容明确。员工按照激励政策要求完成任务会获得什么样的激励？兑现的方式？兑现的时间？明确激励内容时，应考虑到员工完成任务的不同情况，对应设置不同的激励内容。只有明确了这些激励内容，员工才会认为这项激励政策是确实会执行的。

（3）合理性原则。心理学研究表明，人们的多数行为选择都是基于理智的，即通过仔细权衡、认真分析，判断某件事情值得做、做了之后得大于失，人们就会去做。企业对员工的激励，就是要调动员工的积极性，让他们明白做这件事比不做这件事更合算，让他们产生完成任务的冲动。因此，企业必须把握好激励的合理性，如果激励力度不够，就无法达到激励效果。同时，面对不同的激励对象，设计激励措施时也要体现公平，因为不合理的制度会使员工产生不平衡心理进而减弱激励效果。

（4）时效性原则。企业进行激励时要把握时机，因为"雪中送炭"和"雨后送伞"会产生完全不同的效果。一方面，员工做出值得激励的成绩后及时激励，员工就会将激励与成绩联系起来，把自己的成就感放大，获得心理上的快感，调动他们的积极性。另一方面，约定的激励应及时兑现，因为心理学研究表明，人们对预期的好事会心存期盼，如果过了时间，期盼就会不断降低，奖金晚发对员工的激励效果会大大减弱。

（5）按需激励原则。企业激励的目的是通过满足员工的期望和需求，调动他们内在的工作热情和积极性，所以激励的起点是员工需求。实际上，员工的需要跟预想的有很大差别。一方面，不同年龄阶段、不同家庭环境下成长的员工，对工作和生活的需要有很大的差异，必须分别考虑和设计激励措施。另一方面，在不同时间和场合，员工的需要也会发生变化。因此，在设计激励措施的时候，应考虑到不同员工的需求差异，以满足员工最迫切的需要为主导原则。

8. 有考核的人效才是对企业有效的人效

人效考核，是指通过对员工工作表现的评估和量化，评判员工的工作绩效和贡献。它是企业对员工进行激励和管理的重要手段之一，也是提高企业整体绩效的关键环节。

人效考核的重要性

人效考核对于企业来说具有重要的意义。

（1）激励员工。人效考核可以通过对优秀员工的表彰和奖励，激励员工积极进取，提高工作绩效。同时，对表现不佳的员工进行适当的惩罚和培训，可以促使其改进工作，提高效率。

（2）优化人员配置。通过人效考核，企业可以了解到员工的工作能力和潜力，有针对性地进行人员调整和培养，优化员工的岗位匹配度，提高其工作效率和绩效。

（3）提升企业整体绩效。通过人效考核，企业可以及时发现问题和短板，采取相应的措施进行改进，提升企业的整体绩效。合理的人效考核体系可以帮助企业实现目标，提高市场竞争力。

人效考核的方法和工具

人效考核可以采用多种方法和工具进行。

（1）绩效评估。绩效评估是一种常用的人效考核方法，主要是通过对员工的工作表现进行评估和打分来衡量员工的工作绩效。该评估可以由直接上级或跨部门的评委小组进行，也可以将员工自评和互评结合起来。

（2）关键绩效指标。关键绩效指标，是指对员工的工作进行量化和评估的指标，可以通过设定目标和结果指标来衡量员工的工作绩效。不过，关键绩效指标应该与企业的战略目标和业务需求保持一致。

（3）360度评估。360度评估是一种多角度的评估方法，通过收集来自员工、上级、同事和下属的评价，全面了解员工的工作表现和能力，帮助员工发现自身的优势和不足，促进个人的发展和提升。

HR如何进行人效评估

主要方法如下：

（1）建立人效评估指标体系。人效管理体系大致可分为两类：

①人均效益类。人均效益，也就是"结果／人数"。结果的表现方式有很多，在不同的行业和企业，其表现方式各不相同。企业只要找到自己行业的结果表达方式，除以人数，就是企业自身的人均效益。

②成本效益类。成本效益中，成本既可以指人工成本，也可以指企业的总成本，要根据企业的自身情况进行核算。

（2）收集人效数据。分为两种情况：

①对于内部数据，可以从财务、人力、经营等部门进行收集。需要注意的是，要保持数据口径的一致性。

②对于外部数据，可以从国家统计局、行业协会发布的报告、上市公司年报、咨询公司报告等进行收集。

（3）分析人效数据。收集完企业人效数据后，要进行数据的整理和分析。企业人效数据分析主要有四种方式：

①同比。一般是指和上年同期相比较，比如：当期3月比上年3月、当期4月比上年4月。这种分析方法不仅能消除季节变动的影响，也能够反映出本期的发展水平较去年的发展水平的实际情况。

②环比。环比分为日环比、周环比、月环比和年环比，比如：今天比昨天、这周比上周等。该法可以反映短期内数据的波动情况，了解短期趋势，发现短期内的增长速度、波动程度等信息。

③预算比。所谓预算比，就是统计企业实际人效，与预算进行对比，分析出实际与预算的差异，主要用于判断预算执行的情况。统计预算比，可以发现企业的变化点及不足，及时改正纠偏。

④标杆比。每个行业都有标杆，企业可以核算自身的人效数据，跟行业内的标杆企业进行对比，分析出差距。通过对标的方式学习先进的管理方式方法，就能挖掘企业的改进空间，从根本上降低成本。

（4）制定人效提升策略。分析完人效数据后，要结合企业的发展方向制定人效提升策略。概括起来，可以从以下两个方向制定人效提升策略。

①内部管理。企业内部采取一些管理举措，从战略方面、人才培养方面、机制运行方面、流程制度方面、绩效管理方面、薪酬待遇方面等提升企业内部人效。

②外部管理。企业通过人才招聘、多元化用工、人力资源补贴申报、引进先进管理方式和技术等手段，提升企业的人效。

（5）人效监测。制定人效提升策略并不意味着工作已经完成，管理者和人力资源还要持续关注人效的相关指标，具备常态化管理思维，并配备相应的预警机制。持续开展人效监测，帮助企业快速地发现问题，并及时解决问题。

第五章

流程再造：卡一个环节多一道成本

　　可能有人不理解，流程与降本增效有什么关系？工作流程就是一套程序，能产生什么价值呢？这是极为错误的想法，流程作为企业运营的基石，其效率与合理性直接关乎企业的决策速度、响应速度、成本支出、价值增长。可以说，流程与企业方方面面都相关。因此，企业若想把降本增效执行得更彻底，就绝对不能忽视流程。

1. 流程卡了，企业发展就慢了

现实中有不少企业，资金、人才、产品各方面实力都相当，但慢慢地，部分企业远远地落在后头，其中一个重要原因就是流程出现了问题，导致企业发展变慢。在优化流程问题之前，我们需要了解什么是流程。

企业流程是指企业内各个部门或个体之间相互衔接与依赖的一系列有序活动的组合，它是按照特定的规则和顺序进行工作的。

华为能成功，是因为它有着众多的优点，流畅的流程也是它最值得人学习的优点之一。

华为公司提倡流程化的企业管理方式，目的是通过流程建设让员工的精力不在海量的、低价值的、简单重复的工作中浪费，因此华为的所有业务活动都设定了流程指导。

华为借鉴业界领先的 IBM，结合自身实际情况，设计了一套有华为特色的全球流程管理规则与制度。华为的流程管理有以下方面的特点：

（1）反映业务本质。在华为看来，企业的任何流程都要完整系统地反映业务的本质，业务中的关键与管理都要包含在流程体系内。

（2）责任人制度。流程管理也要以业务流程为目标，华为的业务流程制度给每个责任人都明确规定了职权、责任范围，不论职位大小，每个责任人都要严格遵守流程。各业务流程岗位上的责任人，都要按照流程规定行使职权。

（3）以流程为核心建立考核体系。华为的考核制度是以流程为核心的，这能帮助华为落实最终责任，并强化流程管理。其中，顾客满意度是华为建立业务流程各环节考核体系的核心。

（4）流程管理要动态化。华为的流程管理能不断适应市场变化和公司事业拓展的要求，因此华为也在不断地提高流程管理的程序化、自动化、信息集成化水平，从而使业务流程体系更加完善且简洁。

流程的特征

完善、合理的企业流程应具备以下特征（见表5-1）。

表5-1 企业流程的特征

特征	表现
目标性	制定流程需要有明确的目标
普遍性	企业的所有经营活动都由流程构成
整体性	流程不同但由统一理念来指导
动态性	可根据实际情况随时进行调整优化
层次性	可按照不同组织层级进行有序划分

流程的构成要素

输入、供应商、过程、责任人、客户、输出这六个要素构成了完整的流程（见表5-2）。

表5-2 流程的六要素

要素	定义	要点
输入	流程运作初期涉及的基本要素	资料、客户需求、资源、计划、资金、行政指令、公司战略
供应商	为流程提供相关信息、资源的个体或部门，一个或多个	比如产品研发流程中，市场部门需要向研发部门提供客户需求等信息
过程	为满足客户需求进行的相关活动的集合	过程才能创造价值，减少不能产生价值的过程节点
责任人	具体流程活动的实施者	可以是个体，也可以是部门，需有明确的职权责任范围规定
客户	流程输出结果的最终接受者	在设计流程时需明确流程对象是谁、有什么需求

续表

要素	定义	要点
输出	流程产出结果	形式不定，输出结果是否合格，需由流程对象决定

流程的分类

企业的流程按照不同的作用可分为以下三大类（见表5-3）：

表5-3 流程的三大类型

类型	流程	作用	范围
业务流程	直接参与企业经营运作，涉及企业"产+供+销"三个基本环节	是企业自身经营目标实现的基础，也是直接为客户创造价值的重要环节	客户开发流程、客户需求分析流程、产品规划流程、产品研发流程、销售管理流程、原材料采购流程
管理流程	企业上市开展各种管理活动的相关流程	对企业业务进行监督、协调、服务，间接为企业创造价值	战略管理流程、年度经营计划管理流程、合格供应商管理流程、客户满意度管理流程
辅助流程	为企业的管理活动和业务活动提供各种后勤保障服务	为企业创造良好的服务平台和保障服务，间接实现价值增值	员工招聘流程、员工培训流程、办公用品管理流程、行政后勤服务流程

2. 流程规划：谋定而后动才能稳操胜券

现在越来越多的企业开始意识到自身的流程问题，但不少还是停留在"头痛医头、脚痛医脚"的阶段，整个企业的业务流程没有系统性和逻辑性。因此，流程建设没有使企业的效益得到保障，反而使效率更差。究其背后的原因，是这些企业缺乏大局观，没有在建设流程前先进行规划，而是想到就去做。通过流程实现降本增效是一个长期的过程，要保证这个过程不出大问题，并能实现目标，规划是必不可少的，正所谓"谋定而后动"。流程规划是企业打造流程体系的起点与基础，通过明确的分类、分级、厘清业务间的逻辑关系，建立起业务流程框架的活动。

华为的内部流程值得学习，就是因为它在规划设计时就考虑得非常全面，结合内外部情况，将业务流程分成了三大类（见表5-4）。

表5-4 业务流程三大类

类型	作用	范围
执行类	是客户价值的创造流程，为完成对客户的价值交付所进行的业务活动，并向其他流程提出需求，其他流程负责支持	集成产品开发者、从市场到线索、从线索到回款和售后
使能类	负责满足执行类流程的需要，用以支持执行类流程的价值实现	开发战略到执行、管理资本运作、客户关系管理、服务交付、供应链、采购、管理伙伴和联盟关系
支撑类	属于公司的基础性流程，为保证整个公司能够持续高效、低风险运作而存在	人力资源管理、财务管理、管理业务变革&信息技术、管理基础支持

流程规划的标准

一个好的流程规划应符合以下三个标准（见图5-1）。

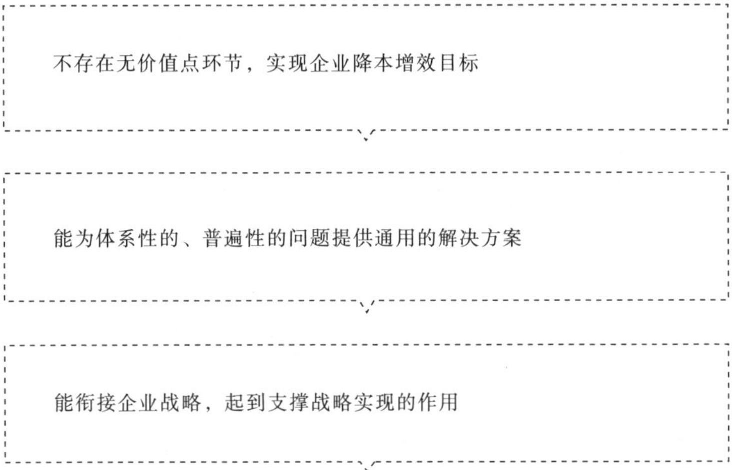

不存在无价值点环节，实现企业降本增效目标

能为体系性的、普遍性的问题提供通用的解决方案

能衔接企业战略，起到支撑战略实现的作用

图5-1 好的流程规划的三标准

要想达到这些标准，在规划时就需要遵守以下原则：

（1）要以企业战略为导向。流程规划要与企业未来 3~5 年的战略规划的发展内容、目标、阶段及业务特点相匹配。

（2）要保证打通端到端。在做流程规划时，要能从利益相关方的需求出发，到利益相关方满意结束。利益相关方一般包含客户、员工、合作伙伴、股东。

（3）保证不遗漏。在规划时要充分对现状进行盘点，并有清晰的规划路径，从逻辑上保证流程结构的完整性。

（4）确保没重叠。在流程规划时需要清晰定义流程的边界、流程间的接口关系，确定没有重叠部分，即使有也能保证归属。

（5）能共享但要有差异化。流程是一整套体系，是解决普遍问题的通用解决办法。但是企业有不同的部门，每个部门都有自己的特色，所以在规划时也要考虑到差异化的问题。

从价值链入手进行流程规划

可能每个企业都有独属于自己的流程体系，而基于价值链开展流程规划是最有效、最直观且最广泛使用的一种方法。上文有述，企业的价值链分为基本活动和辅助活动，但是不同的企业因为其业务特点、管理特点的不同，价值链是不同的，所以其基本活动和辅助活动的范畴也是不同的。因此，企业要先把企业活动一一梳理出来。

第一步：明确企业客户。

第二步：明确企业产品或服务。

第三步：明确企业供应商。

第四步：如何为客户提供产品或服务？

第五步：为更好地服务客户，需要进行哪些工作？

梳理清楚后，就可以绘制企业价值链，看哪些归属到基本活动里，哪些归属到辅助活动里。

对于基本活动里的价值链流程环节，企业要充分重视；对于辅助活动的价值链流程环节设置也不应忽略，因为"细节决定成败"。就像是一个电商行业，供应链和网上销售属于基本活动，而客服、发货就是辅助活动。

考虑企业所处的发展阶段

管理者要对企业的需求有充分了解，清楚地知道企业当前以及未来一段时间的主要问题是什么，这些问题之间的联系以及如何解决这些问题。处于不同发展阶段的企业，流程规划的重点不同（见表5-5）。

表5-5　不同发展阶段企业的流程规划重点

发展阶段	关注核心	规划重点
初创期	企业生存问题	面向价值链的核心业务，流程规划关注核心，流程管理要化繁为简，以解决问题为出发点
发展成熟	关注长期发展	有一定的基础，但管理的复杂性也高，做流程规划时要从系统性、体系化的角度出发，打造可以持续运行的机制，并且各种流程之间可以集成应用
发展天花板	关注降本增效	企业无明显盈利增长空间，进行流程规划时需从优化、迭代角度出发，发现流程中无价值环节并删除

流程描述：把现状说清楚

流程能不能被理解和执行，流程描述很重要。良好的流程描述能够确保每位参与者对任务的理解和执行保持一致，避免因个人理解差异导致执行结果的错误；详细的流程说明还能够提前识别潜在风险点，并提供应对措施，降低错误率；更为重要的是，流程描述为团队成员提供了共同的工作语言，提高了沟通效率，提升了协作能力，对团队的整体效能起到明显增强作用。

这一切都是建立在合理、清晰、明确、详细的流程描述上。有时候，一字之差都可能导致执行结果的错误。所以，做好流程描述对于企业流程建设非常重要。

流程描述的标准

企业要想做好流程描述，需要达到以下标准：

标准一：简洁明了。不管用什么形式来描述，都要避免冗余与复杂，力求简洁明了。因此，在描述时要直指核心，不要赘述。

标准二：清晰准确。"差之毫厘，谬以千里"，在流程描述时应避免使用模糊或者含混不清的词汇。

标准三：逻辑清晰。清晰的逻辑可以确保流程活动的顺序及流程间逻辑关系的准确。如果流程较为复杂，可以通过设置子流程或者分支流程来细化，以达到提高流程描述可读性的目的。

标准四：动态变化。优质的流程是动态的，是会随着公司发展而不断改进的，因此流程描述也应建立相应的反馈机制，及时收集与分析执行过程中产生的问题，为流程持续优化提供科学依据。

标准五：全面适应。尤其是辅助流程，比如人事，涉及多个部门，流程描述应充分考虑各部门的需求与实际情况，做到各部门适用又有差异。

流程描述的方法

流程描述的方法有很多种，每种方法都有其特点优势以及适用场景，企业应根据实际做选择，而不是拿来就用。以下为三种最常用的流程描述方法：

方法一：文字法。文字法是指以文字形式对流程的每个步骤进行详细的描述，适用于简单的流程，其优势是详细且容易理解。但如果流程复杂，对于阅读者来说则很难记忆。

方法二：图形法。图形法一般是通过流程图、时序图、数据流程图的形式来呈现流程，可以直观地展示出每个步骤之间的关系与执行顺序，用于复杂流程时，更直观且易于理解，有助于阅读者对流程进行理解并执行。

方法三：表格法。表格法是指用表格列出每个步骤的具体信息，比如流程环节名称、负责人、开始与结束的时间，适合需要对流程进行时间、资源等方面分析的场景，可清晰呈现流程主要信息，便于阅读者进行量化和分析。

比如某价值评估公司的客户委托业务流程，解释大致如下：

第一步：客户委托该公司对自己的收藏品进行估价，公司如果接受，签订评估合同，如不接受，则本次业务结束。

第二步：合同签订后，进行收藏品勘查及市场情况调查。

第三步：根据勘查及调查结果评估价值。

第四步：根据评估结果提交报告初稿。

第五步：由主要负责人决定是否修改价格，如需要则重复第二、三、四步，如无需要，则向客户提交正式报告，流程结束。

该公司用流程图的形式进行流程描绘，呈现效果如下（见图5-2）：

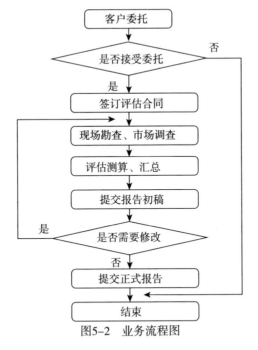

图5-2　业务流程图

流程图要包含以下要素：

第一，布局。在流程图软件中，要按照逻辑顺序放置各个元素。

第二，连接。可以通过箭头连接各个步骤及决策点，以此来体现它们之间的逻辑关系与顺序。

第三，标注。根据需求在目标元素旁添加简短的注释，以更清楚地说明其含义。

第四，动作。明确流程中是谁的具体行为及步骤，比如执行、审核、通知。

第五，关系。设置动作与动作的先后关系，比如信息流、资金流、物流。

3. 流程分析：对企业价值链望闻问切

流程分析是指对企业的已有流程进行分析，找出流程中需要优化的地方。通过对流程的分析并优化可以实现以下三个目的：一是可以帮助企业提高运营效率；二是提高企业的经营效益；三是降低企业的运营成本。总而言之，流程分析的最终目标就是实现降本增效。

企业流程问题现状分析

从不同角度进行流程分析，企业可发现不同的流程问题，大致包括以下三个方面：

（1）从整体性角度来分析，一般会出现流程结构方面的问题，主要表现形式如下：

①对于需要统一规划的流程没有进行系统性考虑，导致部分流程碎片化，无法有效联结。

②没有体现关键流程，比如在战略规划方面没有体现出企业管理流程。

③没有明确的流程负责人，一般包括两种情况（见图5-3）。

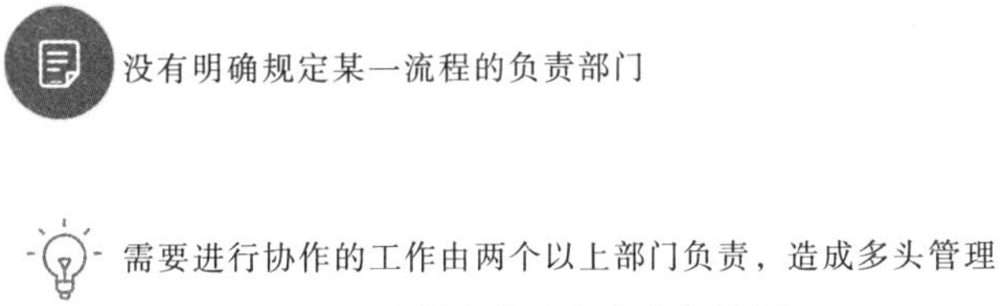

📝 没有明确规定某一流程的负责部门

💡 需要进行协作的工作由两个以上部门负责，造成多头管理

图5-3　无明确流程负责人的情况

④流程间衔接不够，导致某一流程结束后无法顺利进入下一流程。

⑤流程过于复杂，比如节点过多、流程过长，且其中很多是无价值性节点。

（2）从单一链条角度来分析，一般会出现环节上的问题，主要表现形式如下：

①环节多余，存在无价值环节，或是重复作用环节。

②环节间缺乏必要步骤，如培训流程中缺乏评估环节，直接从学习完成到培训结束。

③对于一些需要信息反馈的工作缺乏信息反馈环节，比如人力部门的激励考核。

④环节间逻辑顺序出现问题，比如制订经营计划，没有与销售部门、生产部门沟通就直接向管理部门上报。

（3）从流程运行角度分析，一般会发现流程节点上的问题，主要表现形式如下：

①一些需要根据计划进行的工作在实际执行时变成了完全根据相关部门提出的需求进行，流程缺乏计划性，导致结果变数较大。

②某一节点的工作缺乏明确的规范，工作流于形式，最终导致工作结果错误频发。

③某一节点的必要信息缺失，影响工作质量。例如产品流转过程会涉及多个部门，如果没有明确的交接记录，很容易导致产品丢失、占用或流转停滞。

不同行业的流程分析思路

每个行业都有自己的特点，因此在流程分析时也要根据行业特质采取不同的分析思路。

（1）制造类企业。因为客户不参与运营过程，所以主要从产品流程入手分析，采购、生产、质量控制、研发设计、仓储物流、销售服务等是企业价值链实现的环节，可以从这几个角度为分析切入点。

（2）服务类企业。因为客户参与了流程的实现，因此这类企业更加注重客户体验和服务质量，要从客户流程来入手分析，可将分析重点放在如何改善服务，从而转化为企业利润上。具体分析包含以下几个方面：

①客户接待：为客户提供的接待服务。

②需求分析：了解客户的具体需求和期望。

③服务实施：按照服务方案为客户提供相应的服务。

④质量监控：监控服务过程，确保服务质量。

⑤客户反馈：收集客户对服务的反馈意见。

（3）金融类企业。这类企业的运作基础是基金，因此可以从资金流程、信息流程来入手分析。在分析流程时，要重点关注资金是如何运行的，经过哪些环节；对于信息流程也需重点关注，包括科技信息系统、会计核算系统、财务结算系统。

（4）零售类企业。这类企业的工作重点是销售，因此可以从销售流程来分析，包括商品采购，根据市场需求制订采购计划；库存管理，对商品进行入库、存储、盘点和出库管理；店面运营，包含店铺陈列、促销活动、顾客服务。

（5）互联网企业。互联网的一切行为都是以用户为中心的，因此在分析流程时也应将此作为分析重点。比如产品开发流程的分析，要关注如何做得更好才能满足用户需求；比如市场推广环节，关注如何通过社交媒体、内容营销、线上线下广告让产品占领用户心智；比如用户运营，主要负责用户增值、留存、活跃的工作，关注如何通过数据分析优化用户在这些环节的体验，以提升用户黏性。

4. 流程优化：面对小问题需循序渐进

为什么有些流程优化可以让企业越来越好，而有些流程优化却适得其反？

比如柯达电子（上海）有限公司就是前者，该分公司是美国柯达公司在上海的全资子公司，主要负责柯达相机生产，销售则由柯达上海总部负责。在柯达电子（上海）的组织流程中，对各负责人均设立了明确的职责范围，比如执行经理负责生产运作，生产部经理负责生产，物料部经理负责物料的采购与库存。

但这种看似分工明确的流程制度，实际上效果却并不好。因为各部门负责人只负责做好自身工作，对其他部门漠不关心，但许多工作的完成需要部门之间的协作，这种事不关己的态度增加了协作的难度。同时，因为他们各自对执行经理负责，所以各部门矛盾也由执行经理协调，流程出现了问题也是由执行经理处理解决，从而使客户满意度的工作也落到了执行经理身上。执行经理分身乏术，各部门经理因不参与客户满意度工作，导致客户满意度急速下降。

为此，柯达电子（上海）在经过全面调查分析后，对流程进行了优化。优化后，责任扩大，权力扩大，执行经理分身有术的同时，也避免了各负责人之间的矛盾，提高了部门间的协作效率，客户满意度得到进一步提高。

虽然柯达公司最后失去了行业龙头地位，但不能否认这次流程优化的成功，然而如柯达电子（上海）一样流程优化成功的企业并没有预期中的多，甚至不少成功的企业也有不少流程优化失败的案例。

优化不是大刀阔斧的改革

究其背后原因，是这些企业把流程优化等同于再造。1990 年，美国企业管理大师迈克尔·哈默首先提出了业务流程再造（BPR）的概念。他认为：业务流程再造就是从根本上考虑和彻底地设计企业的流程，使其在成本、质量、服务和速度等关键指标上取得显著的提高。

但这种方式只适合流程出现大问题，需要从头到尾、从内到外都进行大改革的企业。如果只是小问题，只需对现有流程进行局部的、有针对性的、循序渐进式的调整即可。

使用标杆对比法优化流程中的小问题

如何才能找出流程中的小问题并进行优化？可使用标杆对比法。标杆对比法是一种通过比较及学习企业内外领先的流程，来优化自身流程的方法。标杆对比法主要有两种：

方法一：在企业内部的不同部门或业务单位之间进行标杆对比，以此来确立企业内部最佳流程，然后让企业业务单位的流程按照其标准进行优化。该方法合作程度、信息相关度高，但无法体现业务单位之间的差异性。

方法二：与行业内外的领先企业进行标杆对比，学习它们的长处，完善自己的不足，比如现在有很多企业开始学习华为的组织流程设置。

使用ESIA分析法优化流程中的小问题

ESIA 分析法是指通过清除、简化、整合、自动化四个步骤来减少流程中非增值活动以及调整流程中的核心增值活动。

其具体操作步骤如下：

步骤一：清除（Eliminate）：是指对流程中的非必要的非增值活动进行清除，比如不必要的运输、反复加工。在执行该步骤时需注意以下三点：

（1）识别对企业没有实质性贡献的非增值活动；

（2）评估非增值活动的必要性，有些活动是因为合规性、风险控制而存在的；

（3）针对需清除的非增值活动，制定包含明确清除目标、时间表和责任的具体清除计划。

步骤二：简化（Simply）：是指在清除之后，对剩下的活动再做进一步简化，比如某公司请假的审批流程，需要组长、部门主管、部门经理审批，可以简化为直接部门主管审批。在简化流程时可以通过以下方式来实现（见图5-4）。

图5-4　简化流程的方式

步骤三：整合（Integrate）：是指对分解的流程进行整合，让流程能够更加顺畅、连贯。比如有许多App需要重新注册账号，但腾讯旗下的产品将账号登录都整合到QQ，用户用QQ一键即可登录，减少了重新注册的流程，产品使用起来也更加顺畅。

步骤四：自动化（Automate）：是指在清除、简化、整合的基础上，实现流程的自动化运行，可以采用成熟的软件系统或技术来实现。比如以往的很多银行业务都需要在线下进行，现在通过银行App就可以实现。

5. 流程再造：面对大问题需涅槃重生

上文有述，流程优化和流程再造是完全不同的概念，在企业流程已经出现严重问题，甚至影响到企业生存时，流程优化这种"温和"的改变方式已经不适用，只有再造流程，进行全方位的改革，才能使企业涅槃重生。

上海某私人医疗机构的就医模式与综合医院相同，即患者到门诊→排队→挂号→候诊→就诊→缴费→候检→检查→再就诊→再缴费→取药（治疗）→离院。复杂冗长的就医流程需在诊间完成，这对就医效率、就诊体验产生了极大影响。

为给患者提供更好的服务，提升就医效率及体验感，该医疗机构管理层决定借助 5G 网络、大数据及 AI 分析等技术进行门诊流程再造，体验智能化流程。新的就诊流程如下：

第一步：患者入院后先通过机器人进行健康初评、分诊及健康宣教；

第二步：引导患者进入健康管理中心，按照提示进行健康检查与评估；

第三步：测评数据与评估报告同步至医生工作站；

第四步：患者完成服务后到就诊间就诊，医生结合相关测评与报告结果进行诊断；

第五步：完成诊断后取药并离院。

流程再造必要性的具体表现

在什么情况下企业需要进行流程再造？

内部所处情形：

（1）企业仍沿用计划经济时期的经营管理模式，无法跟上时代发展；

（2）市场与顾客需求变化使企业从大批量生产模式转向小批量个性化生产模式；

（3）企业规模扩大，内部管理水平及人才无法匹配。

外部面临挑战：

（1）顾客：需求个性化，企业需研发个性化产品或服务，满足不同层次的客户需求；

（2）竞争：企业要不断降本增效才能与同行企业竞争；

（3）变化：随着世界经济与竞争规则的变化以及科技的发展，企业需要随时调整发展战略。

流程再造需考虑人的问题

流程再造势必会对已经习惯原有流程的人带来冲击和影响，因此难免会受到抵制，如不能恰当地处理，轻则流程再造流于形式，重则直接给企业带来巨大负面影响。因此，企业在进行流程再造前需客观认识到再造过程中的众生相，并采取相应解决方案。

（1）如果员工的既得利益受到伤害，比如经济、权力、职位发生变化，解决方案是"公开透明、宣传到位"，可以为保证企业大局的角度为切入点，向员工说清楚公司流程变革的必要性与意义。

（2）因为流程再造可能会对操作习惯、工作能力提出更高的要求，势必会有部分员工的能力达不到新流程的需求，对于这类员工，不能简单辞退或调岗，而是要先给予适当的培训，经过培训后仍不合格再做新的解决方案。

（3）企业如果有一定的历史，势必会有一些老资格、老前辈的人存在。但这类人对于流程再造可能采取"不管流程怎么变，而他就是不变"的对抗态度。对于这类人如果无法沟通，可选择辞退或闲置又或者选择一个不参与新流程的岗位。

流程再造的关键步骤

企业流程再造是一个系统性的过程，非常复杂，所以在执行时需要对一些关键步骤进行把握。

步骤一：诊断及识别问题。找出企业当前流程中存在的问题，并判断是否已经严重影响企业发展，必须进行流程再造。

步骤二：设定目标。根据确定的问题，设定流程再造的目标，比如提高生产率、降低成本。

步骤三：设计新流程。首先要转变企业员工的理念，打破部门壁垒，在实现跨部门协作的同时，也要使员工能全面支持流程再造；然后再根据设定的目标进行新的流程设计；最后对新方案进行评估，确定可行性及有效性。

步骤四：执行新流程。确定方案后，就可制订实施计划并执行。在执行时需先完成两项工作（见图5-5），然后全面推广至整个企业。

1

对新流程进行全员培训，确保员工支持且了解新流程的操作方法和要求。

2

为避免新流程出现大问题，可先在部分部门或环节进行新流程的试运行，收集反馈意见并进行调整优化。

图5-5　执行新流程预先完成两项工作

步骤五：持续优化。任何事物都不可能百分百完美，且随着企业发展变化，新流程也需要调整。因此，要建立对新流程运行情况的监控机制，并根据监控结果对新流程进行持续优化与改进。

需注意，流程再造不仅仅是技术层面的变革，更是企业文化和管理理念的变革。所以，在这个过程中，一定要注意文化的建设与传播。

第六章
信息化建设：数字化时代的必然选择

　　随着科学技术的飞速发展，我们正处于前所未有的信息化环境中。在这个环境里，信息是推动社会进步以及经济发展的核心要素，任何行为有了它的支持都将更加高效。企业的运营也是如此，信息化建设已经成为企业转型升级、降本增效、提升竞争力的关键点。

1. 新时代下实现效率提升和收入增长的基础

人类社会在快速发展，而每一次大的技术发展都会导致一种新商业浪潮的出现，面对新浪潮，有些企业顺应时势蜕变重生，有些企业则因"顽固不化"被浪潮淹没。如今是信息化的时代，传统的生产运营模式已经无法跟上脚步，数字化转型是推动企业发展、实现效率提升和收入增长的关键。

什么是信息化建设

信息化建设是指企业利用现代技术，通过对信息化资源的深入开发与广泛应用，提高生产、经营、管理、决策的效力和水平，进而实现降本增效的目的。

国民品牌安踏的发展，与其跟上信息化时代步伐，进行数字化转型分不开。安踏的数字化转型非常全面，我们仅从生产物流端进行了解。

2019 年，安踏就开始探索"智造"方向，因为行业内没有借鉴案例，便跨行业学习类似的自动化改造，以满足服饰生产的实际情况，并实现数据互动。

经过两年的探索，2021 年 3 月，安踏的智能化、数据化、标准化的一体化工厂正式投入运营，一条生产线可同时制作超 50 种品类，相同产品人均效率提升 18%~35%，产能效率提升 21%~28%，管理结构精简 15%，成本同比降低 11%。

2022 年，安踏率先在行业内实现造粒数字化自动生产，基本实现从排单到码垛、转运的全智能一体化运作，减少了大量搬运工作，也避免了扬尘、损耗；自动化、精准的控制降低了原本依靠人工操作而带来的品质不稳定；环保设备的引入，使安踏产能得到极大提升、人工成本有效降低，每年节约能耗超过百万元。

安踏的智能升级仍在继续……

安踏的案例足以证明企业信息化建设所带来的价值，然而实现从传统运营模式向数字化运营模式的转变，是一个非常复杂而系统的过程。

信息化建设在降本增效中的作用

为什么要强调企业进行信息化建设？因为它是一个多维度、深层次的变革过程，涵盖了企业多个方面，能给企业带来非常大的正面作用，尤其是在降本增效层面。

（1）自动化与数字化流程可以自动执行重复性高、烦琐的任务，有效减少人工干预，提高工作效率，节省人工成本。

（2）信息化系统能够对企业的生产、销售、财务等各个环节进行实时监控，有助于企业及时发现并解决问题，避免潜在的风险与损失。

（3）通过集成供应链管理（SCM）功能，企业可实现对供应商、库存、物流等环节的全面管理；通过数据分析，企业可以优化采购计划、减少库存积压、降低物流成本，从而实现资源的高效利用和成本的降低。

（4）通过大数据分析、数据挖掘等技术手段，企业可以充分洞察市场趋势、评估项目风险，提前擘画市场、调整产品结构，降低决策风险。

（5）通过引入电子商务、移动互联网、短视频、直播等新兴技术，企业可以拓展销售渠道，增加收入来源。

（6）引入客户关系管理系统，企业可以全面了解客户信息、记录服务过程、评估客户满意度，有效提高服务质量及客户满意度。

信息化企业vs传统企业

为什么建议传统企业进行信息化建设，积极采取数字化转型战略？因为两者之间存在着巨大的差异，而这些差异就是导致许多传统企业被淘汰的原因。

差异一：技术基础设施差异。信息化企业拥有先进的数字技术，包括但不限于云计算、大数据、人工智能、物联网，能为企业提供更高效、智能和创新的业务解决方案。而传统企业服务系统、局域网、数据库系统容量低，使用保守，反应慢，很难与信息化企业进行对比。

差异二：数据驱动决策差异。数字化时代，数据驱动决策在一定程度上决定了企业的成功概率。信息化企业可以全面收集数据，对其进行实时分析，再通过机器学习或人工智能建立预测模型，从而准确预测趋势与变化；传统企业的数据收集来源有限，分析过程缓慢，决策模型更是简单。两者在数据分析与决策过程中的显著差异，直接影响了它们在市场竞争中的灵活性与准确性。

差异三：敏捷创新的差异。信息化企业通过实时数据分析和先进的技术基础，可以快速适应市场需求，实现业务模型灵活变革，同时，人工智能、物联网、区块链等技术，有助于其不断创新产品，满足市场多样化的需求。传统企业业务模型僵化，很难快速调整以及时应对市场变化，同时，对于新技术的接纳缓慢，降低了其在技术创新方面的竞争力。

2. 信息化建设的实施原则

企业信息化建设并不是一个新兴的词汇，甚至大多数人都已经耳熟能详了。在数字经济时代背景下，大数据、AI、深度学习、云计算等技术已经逐渐被应用在企业的各种生产经营场景中。因此，许多还未走上信息化道路的企业害怕被淘汰，着急忙慌地对企业进行信息化建设，因为没有遵守信息化建设的实施原则，企业不但没有获利，反而对原有经营体系产生巨大负面影响，阻碍了企业的发展。

原则一：符合企业战略

信息化建设要与企业战略相匹配。企业战略是由企业的愿景、使命、环境政策、长期和短期目标等组成的总体概念，是企业一切工作的出发点与归属。信息化战略是企业战略的一部分，因此需要为企业战略而服务，确保每一项信息化项目都能为企业战略目标的实现而贡献力量。企业应在明确自身发展愿景、市场定位、核心竞争力的基础上制定信息化规划，以保证信息化建设方向正确、重点突出。

原则二：做好顶层设计

企业信息化建设不是单个环节，也不是某一个部门的事情，它是系统性的，涵盖企业生产运营的方方面面。因此，在设计时，要站在顶层角度，进行整体规划，考虑到企业的每一个点。

做好顶层设计对于企业有以下帮助：

（1）有助于企业在信息系统建设前明确目标，保证建成后能满足企业需求；

（2）有助于企业在实施过程中保持清晰的思路，减少资源浪费及重复建设；

（3）充分考虑到员工的操作习惯与业务流程，确保信息化系统的实用性；

（4）通过顶层设计可确保信息系统与业务流程相互支持及促进，全方位支持企业管理决策和业务发展。

原则三：领导支持

信息化建设需要投入极大的成本，所以一定要争取企业高层的全力支持。尤其是在涉及相关人员的权利和利益时，如果高层不支持，信息化工作将难以推进。其具体原因如下：

（1）企业领导层能够从战略角度去审视信息化建设的重要性，不仅能够带来技术层面的改进，还能使之与企业战略目标紧密结合。

（2）企业领导层能够充分保证信息化建设在资金、人力、技术资源等方面的需求，为保证其实施提供坚实的基础。

（3）因信息化建设需要打破部门壁垒，实现共享与流程协作，企业领导层的支持可以减少跨部门之间的沟通与协作障碍。

（4）企业领导层越重视信息化建设，企业相关文化和氛围就越浓，员工也会越积极地参与到相关工作中。

（5）企业领导层的支持意味着他们愿意与企业共同承担如技术难题、资金压力、人员变动等方面的风险。

原则四：因地制宜

"世界上没有两片相同的叶子"，企业也一样，所以在进行信息化建设时要因地制宜。因地制宜设置信息系统要求根据企业各部门、各岗位实际情况来进行设计，而不是照搬别人的做法。

企业有大小、新旧、发展快慢、稳定与否、行业特质之分，信息化建设需求自然不一样，即使是同一企业，其不同发展阶段，信息化建设的需求也有所不同。比如初创企业的信息化应用重点应放在销售与生产上，相对稳定型企业则应将重心放在成本控制上。

不同部门的需求则是指销售部门、生产部门、技术开发部门、管理部门的职能不同，工作内容更是有着巨大差异，所以其信息化的应用和操作流程也不同。

不同岗位则是指比如总裁、总经理、部门主管、小组组长、普通员工的岗位性质及工作重点不同，其所需的信息化应用内容也有所不同。

需要注意的是，遵守因地制宜原则的前提条件是要经过深入且谨慎的分析，比如先要对企业自身进行全面的分析，包含业务模式、组织架构、技术基础等，明确企业的需求及与其他同类型企业的不同之处，再制定相应的信息化建设方案。

原则五：注重实效

企业信息化建设不再是可选项，而是企业生存与发展的必然路径，然而，大多数企业盲目追求各种高新技术与信息化产品，忽视了信息化建设的核心——实效。在信息化建设过程中，需注意以下几点：

（1）企业应明确目标，并建立可衡量的指标。

（2）进行深入的市场调研与评估，比如评价市场上主流的技术趋势、产品成熟性。

（3）充分考虑资源条件与管理水平，如 IT 基础设施、人员配备、技术储备。

（4）定制化开发不可避免，但过度可能导致系统复杂，难以维护，因此企业应寻找定制化与标准化的平衡点。

（5）企业应注重用户体验，确保系统界面友好、操作简便，提升员工的使用意愿与效率。

（6）为企业的信息化建设建立评估体系，包含定期评估、专项评估、临时评估等多种方式。

（7）评估后发现问题，企业要及时反馈与调整，并根据市场变化及企业发展需求，适时调整与优化信息化建设方案。

3. 打造信息化建设人才队伍

在竞争激烈的当下，企业的兴衰成败往往与人才资源的拥有及利用密不可分。人才，是企业发展的第一资源，是推动技术创新、管理升级的核心力量。所以，拥有高素质、专业化的人才队伍，是企业赢得市场竞争的关键。尤其是企业要进行信息化建设，就更需要建立一支相关专业的人才队伍。

明确信息化人才队伍类型

信息化人才队伍的打造不是随便找几个相关专业的人即可，而是要按照企业需求明确人才队伍的基因，找到能承担其相应岗位责任的角色。需注意，信息化人才团队的打造必须涵盖多个关键领域，才能确保团队全面、高效地推动信息化项目的实施与运行。

人才类型一：综合管理人才，需要负责信息化项目的整体规划、组织管理与协调沟通，需要具备良好的战略眼光、组织协调能力与决策能力，同时，充分了解信息化技术的发展趋势，能带领企业进行技术创新或产业升级。

人才类型二：技术研发人才，主要工作是根据企业需求设计信息化系统结构，进行软件开发、系统集成。这类人才需要精通一种或多种编程语言，熟悉云计算、大数据、网络安全等相关技术，最为重要的是具备创新思维及解决问题的能力。

人才类型三：执行人才，是企业信息化工作的基础人员，但凡是与企业信息化系统运作有关的操作，都需要他们来完成。这类人才必须正确掌握信息化技术、准确无误地完成操作，以保证企业各部门能通过信息系统进行高效协同工作。

制定信息化人才选用标准

为保证信息化建设顺利推进，企业必须选择合适的人才以组建好团队，因此，企业需要执行信息化人才的选用标准。

标准一：业务理解能力强。能担任信息化建设岗位的人才必须有很强的业务理解能力，对企业所在行业的业务流程、市场需求及发展技术都有深入的了解，如此才知道该如何把信息技术与企业业务紧密结合到一起。

标准二：技术能力强且匹配。不同的岗位需要不同的信息技术能力，但不管什么岗位，都要有强技术能力，这是选人的基本标准。

标准三：学习能力强。因为信息技术发展非常迅速，每天都可能出现新知识、新技术，所以人才一定要有很强的学习能力。

标准四：团队协作能力强。信息化建设需要跨部门合作，所以良好的团队合作态度与沟通能力非常重要。

标准五：具备相关项目经验。招聘时优先考虑具有相关行业信息化项目经验的人才，可以让企业的信息化建设少走弯路，尤其是一些比较关键的领导岗位。

标准六：与企业文化契合。候选人的价值观一定要与企业的文化相契合，双方才能走得更长远。

以中铁四局对于信息化人才体系的建设为例，其对信息化管理人才、应用人才、专业人才提出了不同的要求。

信息化管理人才：要求懂业务、懂技术、懂原理，具备行业洞察力与决策能力以及企业信息化转型的领导能力。

信息化技术人才：要求具备过硬的专业技术能力，可以搭建信息化基础架构，提供信息化技术的解决方案与工具。

信息化应用人才：具备专业的业务能力与技术应用能力，能够针对企业的不同业务需求进行信息化建设，以提高业务效率及价值。

全面培训提升专业能力

企业在成长，人才也应该一起成长，才能跟上发展的脚步。所以，在信息化人才进入企业后，企业应提供全面的培训与发展机会。比如入职培训，为新入职的信息化人才提供更全面的公司文化、规章制度和业务流程的培训，让人才能更快很好地融入公司。当然，专业技能的培训更不能少，根据岗位需求、个人发展计划、对信息化新技术的需求，为人才提供有针对性的专业技能培训，可以是企业内部邀请专家授课，也可以让员工参加外部的培训课程，提升其专业水平。

在培训的同时，企业也要为人才做好岗位晋升渠道规划，让其更加积极地工作的同时，也更有动力去主动学习。

中铁四局对信息化人才的培养如下：

信息化管理人才：组织管理人员广泛调研阿里巴巴、腾讯、华为等知名科技公司的信息化建设现状，并与中建、中交、鄂钢集团等制造业、建筑业单位开展对标调研，以此来提升管理人员的数字化认知。

信息化技术人才：通过建立管理研究院孵化技术人才，中铁管理研究院下设的信息化研究室致力于推动企业数字化转型升级。信息化研究室通过企业内部人才转岗和外部人才引进，从最初的 7 个人发展到 200 人的规模。

信息化应用人才：结合业务人员在线学习的需求建立数字技能培训资源库，打造学习云平台，并将数字技能融入岗位考核培训体系。

4. 信息化建设的"4个1"

每家企业都有自己的特点，信息化建设自然也不可能一模一样，这就代表在信息化建设的过程中一切都需要自己摸索吗？当然不是，有一些基本方向是每家企业在实施信息化建设过程中都需要遵循的。

1个战略

1 个战略是指企业要把信息化建设定位为企业级战略。这一决策要求企业在做信息化建设时要从顶层设计出发，进行全局性、前瞻性的规划与布局，构建一个全面、系统且可持续的信息化建设蓝图。如此，企业的信息化建设才能达到以下目标：

（1）确保战略一致性与协调性。将信息化建设与企业总体战略结合起来，确保两者在目标、方向、路径上的一致性，避免在实施过程中出现信息孤岛或是技术孤岛，提升企业的协同能力。

（2）减少浪费。信息化建设复杂而庞大，将之作为企业战略，可自上向下洞察情况，避免盲目跟风、重复建设、资源浪费问题。

（3）构建可持续的信息化生态。包含健全的信息安全体系、专业全面的信息化人才队伍、完善合理的信息化管理制度、流畅简洁的低成本执行流程。

1个条件

1 个条件是指信息化建设要成功，需要 1 个条件作为保障——通过组织转型激发组织活力。

信息化建设并非孤立的技术革命过程，它要求企业进行全面深刻的变革与调整，而这种变革的前提是企业组织机制的转型，制度固化、技术落后、思想落伍的旧组织机制，显然是无法满足信息化建设要求的。因此，先通过组织转型激发组织活力，是企业信息化建设的保障条件。当然，这一条件背后的原因是深刻且多维度的，具体可从以下几个方面来展现。

（1）传统组织结构层级繁多、决策链长，难以迅速适应信息化时代的变化速度。

（2）传统组织结构技术与业务部门之间协作能力差，难以形成合力，信息化建设最需要的是协同能力。

（3）传统组织结构难以面对复杂多变的市场环境与日益激烈的竞争，需要具备高度适应性与韧性的新组织结构。

1种文化

信息化建设是多方面的深刻变革，涉及的不仅是技术层面的升级，还有企业文化的重塑与调整。所以，信息化建设要成功，首先就要有企业信息化建设的文化，通过文化调整创造转型氛围。

（1）企业文化是企业的灵魂与核心价值观的体现，它对员工的行为习惯、思维方式、企业运营方式都有深刻的影响，一个保守、封闭、僵化的文化氛围会阻碍企业的变革。

（2）企业信息化建设需要全体员工的参与和支持，然而信息化建设带来的对传统工作方式及思维模式的挑战，会让员工产生抵触情绪。通过文化调整，为员工树立正确的信息化建设理念，并增强认同感，能有效激发员工的参与积极性。

（3）信息化建设的过程中，必然会遇到各种困难，通过打造更加坚韧不拔、勇于担当、不怕挑战的文化氛围与变革精神，能助力企业更好地应对各种困难。

1道加法

1道加法即战略 + 执行统筹。战略再好，如果执行不到位，一切都白费。所以在进行信息化建设的同时，还需要把这个战略规划化为具体的行动，并确保每一步都能扎实有效地推进。

那如何强化执行，确保信息化建设的成功呢？可参考以下步骤：

第一步，设立 SMART 目标。确保每一个信息化建设目标都达到以下五个标准（见图 6-1），有助于执行者清晰地理解任务，减少误解与偏差。

图6-1　信息化建设目标的五个标准

第二步：责任到人。确保每一个信息化建设参与者的具体职责与角色，并建立责任追究机制，确保每个人都能对自己的工作负责。

第三步：高效沟通。组织定期会议及时汇报信息化建设工作进度，讨论遇到的问题及解决办法；同时，建立多渠道沟通平台，鼓励成员之间的非正式交流；最后，确保信息传递的及时性和准确性。

第四步：制订详细计划。做好信息化建设具体方案，明确各阶段任务、责任及完成时间，并设定里程碑。

第五步：实行激励计划。将信息化建设纳入绩效考核体系，与激励机制相配合，确保执行效果与激励结果挂钩。

5. 搭建企业信息化的基础架构

工业时代与信息时代差异巨大，在工业时代做得好的企业，未必能在信息时代获得成功。沿着旧地图，找不到新大陆。因此，有些还在旧地图上打转的企业，已经逐渐被淘汰，而有些企业，则找到了绘制新地图的方法，找到了信息时代的发展方向。

信息化时代，企业对产品、市场、客户、行业的理解发生了根本性改变。比如服装行业，工业时代先是剪裁，再卖给客户，信息时代则是以数据为中心，先将客户与产品数据匹配，再进行剪裁、设计，整个服装行业的基础架构发生了改变。所以，企业要想进行信息化建设，就要重新搭建基础架构。

架构一：效益

效益信息化是指企业的信息化建设要以实现信息化效益为目标，主要实现三个方面的效益：

（1）创新效益。信息化建设的实施，应能为企业创新活动提供强大的技术支持与广阔的市场空间，推进企业产品、服务、商业模式、管理模式各个方面的创新，帮助企业用创新领先其他企业一步。

（2）经济效益。企业的一切行为都是为了经济效益，信息化建设自然也不例外。比如通过信息技术在生产过程中的应用，实现自动化、智能化、集成化，提高效率和产品质量；通过优化资源配置、减少冗余环节、降低能耗等方式，帮助企业实现成本的有效控制。

（3）社会效益。企业需要承担社会责任，信息化建设在推动企业自身发展的同时，也应对社会有所帮助。比如可以提供新兴职业与就业机会，如数据分析师、AI 工程师；又比如通过信息化建设推动产业升级与转型，为传统行业拓展市场空间，使新兴行业成为社会经济增长的新引擎。

架构二：战略

我们一直在强调，企业要把信息化建设作为企业战略，以保证信息化建设的成功。因此，企业领导层要主导推动信息化战略的实施，并制定战略规划及行动计划，在实施过程中给予全方位的支持，包括资金、资源、人才引进、文化宣传、扁平化管理等。

比如兰石集团，就把企业信息化建设作为企业战略，持续加大企业信息化建设投入力度。比如针对离散型企业关键制造环节的难点和痛点，对生产过程中各类业务进行全面打通和数据深度采集分析，建立了以兰石云为平台的"制造＋服务＋数据＋管理"的创新模式。

迄今为止，兰石云平台的应用范围已经普及旗下的多家子公司、工业园区、学校及社区，展现出强大的服务能力与广泛的影响力。同时，通过持续强化人才队伍建设，加速推进智能工厂、数字化车间及智能装备的构建与发展，兰石集团正稳步成为一个高端装备制造企业，其信息化成果显然已经成为行业内的引领者。

架构三：设施

设施信息化是企业信息化建设的基础支撑，如果不具备 5G、物联网、云计算、人工智能、区块链等信息技术，就无法推动硬件系统设施的系统、接口、网络连接协议向标准化升级，让企业形成支持信息化建设的基础底座。

设施信息化的前提是明确信息化建设的目标，包括但不限于提升设施运行效率、降低设施运行成本、增强设施的安全性、促进设施间的互联互通。需要注意的是，在选择相关设施时，一定要考虑到以下两个问题（见图 6-2）。

考虑设施搭建成本是否在企业的预算范围之内

 考虑设施与企业的匹配程度

图6-2 选择相关设施时需考虑的两个问题

架构四：平台

平台信息化是企业信息化建设的核心任务之一。如今是信息爆炸的时代，企业面临的数据每天都在呈指数级增长，平台信息化通过集中储存、整合、分析等手段，可以为企业提供全面、实时、准确的业务信息，企业决策层可基于此快速做出正确决策。平台信息化还能让企业实时监控各项资源的使用情况，对其进行深度数据分析，发现资源配置中的不合理之处，如闲置浪费，进而精准调整，实现资源的高效利用，降低企业的运营成本。

实现平台信息化需做到以下四点（见图 6-3）。

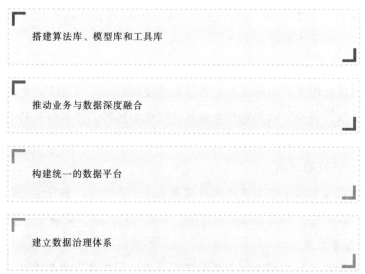

搭建算法库、模型库和工具库

推动业务与数据深度融合

构建统一的数据平台

建立数据治理体系

图6-3 实现平台信息化需做到的四点

架构五：业务

企业应将数据充分利用，充分挖掘数据的价值，推动基于数据驱动的研发、生产、管理、营销、服务等业务流程的变革创新，最终形成新的数字业务，同时给企业带来新的增值空间。为何信息化建设要聚焦于业务？因为通过引入先进的信息技术及管理系统，能够自动化处理大量重复性的工作，减少人工干预，提高速度与准确性。更为重要的是，通过对数据的分析，企业可以发现新的业务增长点，优化产品或开发新的产品，并对客户需求及反馈有更深入的了解，从而提供更加个性化、高效的服务。

附：企业信息化建设流程模板（以智能企业为例）

1. 引言

随着现代技术的飞速发展，智能制造成为推动制造业转型升级的重要方向。信息化建设是智能制造的基础，它涉及企业内外各个环节的信息化改造和优化。

2. 业务流程再造

信息化建设的第一步是对企业的业务流程进行再造。通过对现有的业务流程进行分析和评估，确定存在的瓶颈和问题，并提出改进方案。其中，以下几个方面需重点关注：

2.1 供应链管理

供应链管理是智能制造企业信息化建设的核心。通过采用先进的供应链管理系统，企业可以实现供应链的可视化和协同，提高物料的采购和配送效率，降低库存和运输成本。

2.2 生产计划与调度

通过引入智能化的生产计划与调度系统，企业可以实现生产任务的自动化分配和调度，优化资源的利用率，缩短生产周期，提高交货准时率。

2.3 质量管理

质量管理是智能制造的重要环节。通过引入质量管理系统和设备，企业可以实现产品质量的实时监控和追溯，及时发现和解决质量问题，提高产品质量和客户满意度。

3. 数据集成和分析

信息化建设的关键是实现数据的集成和分析。通过采集和整合企业内外部的数据，建立数据仓库和数据分析平台，企业可以实现以下几个方面的目标：

3.1 数据采集和存储

通过采用物联网技术和传感器设备，实现对生产过程中各个环节数据的实时采集和存储。同时，通过数据安全和隐私保护措施，确保数据的可靠性和保密性。

3.2 数据集成和清洗

将企业内外部的数据进行集成和清洗，消除数据冗余和不一致，建立统一的数据模型和标准。

3.3 数据分析和挖掘

通过采用机器学习和数据挖掘技术，对采集到的数据进行分析和挖掘，提取有价值的信息，为企业的决策和优化提供依据。

4. 智能化设备和系统

信息化建设需要依托智能化设备和系统，提升生产效率和质量。以下几个方面是智能制造企业信息化建设中的重要组成部分：

4.1 机器人与自动化设备

通过引入机器人和自动化设备，实现生产线的自动化操作和控制，提高生产效率，减少人力资源的占用和人为错误的发生。

4.2 物联网技术

通过利用物联网技术，实现设备之间的互联互通和实时监控。可以通过手机或电脑远程监控和操控设备，提高生产过程的可视化和灵活性。

4.3 虚拟现实和增强现实技术

通过引入虚拟现实和增强现实技术，提供更直观、交互式和沉浸式的操作界面和培训环境，提高员工的操作准确性和安全性，减少培训成本和时间。

5.IT 基础设施和安全保障

信息化建设需要依托稳定和安全的 IT 基础设施。以下几个方面是智能制造企业信息化建设中需要重点考虑的内容：

5.1 网络和通信设备

建立稳定的内外网环境，保障数据的高效传输和通信的可靠性。同时，对敏感数据进行加密和隐私保护，确保数据的安全和完整性。

5.2 数据中心和云计算

建立数据中心和云计算平台，实现对数据的集中存储和管理。通过云计算，实现资源的弹性调配和成本的优化。

5.3 安全管理和防护

建立完善的安全管理制度和防护体系，对企业的信息系统和设备进行全面监控和保护，及时发现和应对潜在的安全风险和威胁。

6.人员培训和变革管理

信息化建设不仅仅是技术的变革，更是对企业文化和员工能力的提升。以下几个方面是智能制造企业信息化建设中需要重点关注的：

6.1 培训和教育

对企业员工进行相关知识和技能的培训和教育，使其具备信息化建设所需的能力和素质，包括对新技术、新设备和新系统的培训，以及管理和协作能力的提升。

6.2 变革管理

信息化建设需要对企业的组织结构和业务流程进行调整和改变。进行变革管理，明确目标和步骤，充分沟通和激励员工，可以减少变革的阻力和风险。

第七章

精益生产：向丰田学习
降本增效

精益生产是美国麻省理工学院教授詹姆斯·P. 沃麦克等专家通过"国际汽车计划（IMVP）"对全世界17个国家90多个汽车制造厂的调查和对比分析后得出的一个结论：日本丰田汽车公司的生产方式——精益生产是最适用于现代制造企业的一种生产组织管理方式。

精益生产方式可以帮助企业通过持续改善，杜绝一切浪费现象，提高企业产品质量、降低成本、增加利润以及提升效率，从而以最少的投入产生最大的效益。对于制造型企业来说，精益生产是降本增效最有效的方式。

1. 生产品类：只生产客户有需求的产品

传统生产方式中，管理或技术在一定程度上限制了企业的生产效率和市场竞争力。比如在生产量方面，企业往往会根据历史销售数据与经验预测来进行生产安排，难以快速响应市场变化，要么生产过少无法满足市场需求，要么生产过剩导致库存积压。

企业如果想要实现降本增效，就要改变传统的生产方式，而精益生产是最佳的解决方案。精益生产有一个核心原则，就是"只生产客户有需求的产品"，又称为按需生产或拉动式生产。在该原则的指导下，企业可以避免过度生产和库存积压，实现按需生产。

比如法国一家百年书店的做法，值得许多传统书店学习。这家书店属于法国大学出版社，是一家只有咖啡和沙发而没有书的书店。不是挂羊头卖狗肉，更不是因为生意太过火爆而缺货，而是这家书店是按读者的需求，现场印制书籍。

读者进店后在书店的 iPad 上挑选喜欢的书籍，然后付费，等待五分钟后，就可以拿到一本还飘着油墨香味的书。这家书店通过美国随选随印图书公司发明的"咖啡式快速印书机"，改变了运作模式，实现了按需生产。这种方式大大降低了书店所需要的经营面积，降低了租金成本，也将书籍的库存降为零，消除了库存压力，让书店有更多的资金去改善体验，以吸引更多的读者进入。

按需生产的原因

为什么精益生产理论强调只生产客户有需求的产品？这一核心理念主

要基于以下几点原因：

（1）以价值驱动生产产品。精益生产理论认为，任何不能直接增加产品价值的活动都属于浪费，都应该被清除。如果，只生产客户需要的产品，就能减少无效的劳动与浪费。

（2）快速响应市场需求。随着物质的丰富，消费者的需求更加多样化、个性化，按需生产可以让企业灵活调整生产计划，以保证生产出的产品符合客户的需求。

（3）降低库存成本。按需生产最明显的价值就是降低库存积压成本。

（4）提升客户满意度。符合客户需求的产品，自然能得到客户的认可与赞同。

（5）减少资源浪费。精益生产理论认为，任何形式的浪费都是不被允许的。按需生产的企业只需要投入必要的生产资源，避免将资源用于过剩生产，既减少了物质资源浪费，也减少了时间、人力的浪费。

按需生产就要抓住真正的需求

按需生产的核心点就是抓住消费者的需求。但是，一些企业看似抓住了消费者的需求，生产的产品却不被消费者接受，本质原因是他们找到的需求是伪需求。

什么是消费者的需求？它是指消费者做某件事情背后的动机、原因和目标，这些都是本来就是真实存在的，而不是虚构出来的。但企业为什么会把伪需求当作真需求呢？因为其喜欢凭主观经验做事、喜欢抄袭模仿，又或者没有找到正确的分析方法。

那么，如何才能找到真正的需求呢？除了采用常用的用户分析、消费者行为分析等一系列方法外，还要看其是否符合以下四个标准（见图7-1）。

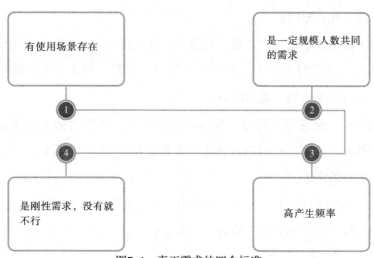

图7-1　真正需求的四个标准

就像同样是共享产品，为什么共享充电宝能持续存在，并支持了多个企业的运转，而共享雨伞只短短存在了数月，就消失得无影无踪？因为雨伞大部分家里都会准备，出门前也会看天气预报。如果实在没有雨伞，大部分的人都会等雨停，或者去旁边的店铺、商场买一把。所以，虽然雨伞是人们的需求，但这种需求是可以用其他方案去满足的。

2. 生产计划：提前做好日、月、年生产计划

一些企业进行生产时，经常看到以下现象：

前后工序的半成品或材料不衔接；

生产计划与产品生产相关性差；

生产计划频繁变动；

紧急订单多，生产计划无法执行；

品质差返工多，破坏原来生产计划；

材料、零件、成本挤压多，企业资金调度难；

员工加班多，负面情绪大；

交货不及时，影响公司信誉；

……

会产生上述的生产乱象，就是因为企业没有做好生产计划，并制定相关的标准来执行生产计划，让生产计划变成一个可有可无的"表格"。计划的本质是协调各个部门准确、稳定、快速地完成交付，兑现向客户做出的承诺；计划管理则能使企业按照生产计划有条不紊地执行。所以，制订生产计划很重要，但做好计划管理也同样重要。

生产计划的类型

生产计划一般包括以下五种类型：

（1）年生产计划：属于大日程生产计划，是企业对未来一年的生产总规划，确保企业战略目标的实现。其制订依据如下（见图7-2）。

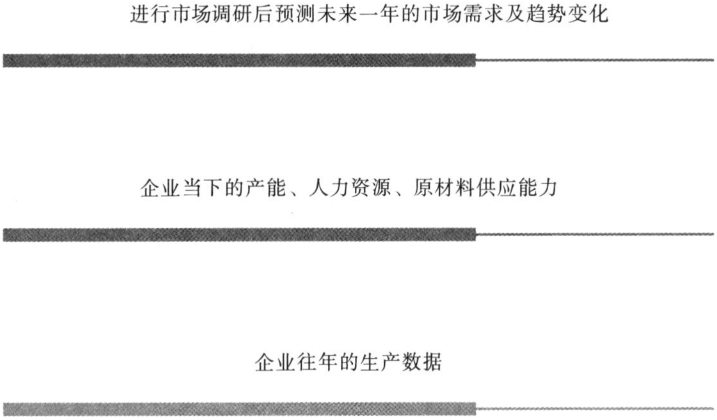

进行市场调研后预测未来一年的市场需求及趋势变化

企业当下的产能、人力资源、原材料供应能力

企业往年的生产数据

图7-2　年生产计划的制订依据

（2）季生产计划：也属于大日程计划，是将年度生产计划分解为季度目标，明确每个季度的生产任务，是企业对未来一年生产计划的进一步细化和实施步骤的明确。

（3）月生产计划：是对企业接下来一个月内要进行的生产活动的详细规划与安排。这类计划一般是基于年度计划或季度计划而产生的，但一般会综合当月接收到的订单情况去做调查。月生产计划是确保当月订单按时交付的关键，通过详细的生产安排和物料采购计划来实现。

（4）周生产计划：属于小日程计划，是对月生产计划的进一步细化与具体化，通过制订和执行周生产计划，企业可以更加精确地控制生产进度和资源利用，提高生产效率和质量水平，确保生产活动能在更短的时间内有序、高效地进行。

（5）日生产计划：是企业针对每日的生产活动所制定的具体计划与安排，它是生产计划体系中最基层、最具体的计划，直接指导生产现场的日常作业。企业的年、季、月、周计划都是在日生产计划完成的基础上制订的。

以下为某服装制造企业的日生产计划表（见表7-1）。

表7-1　某服装制造企业的日生产计划表

日期：2024 年 7 月 27 日

目标产值	2000件			
款式与数量分配	春季连衣裙	1000件		高
	春季长袖	1000件		中
原材料需求	面料A	1000米		已到货
	辅料B（拉链）	1800条		明日到货
	扣子C	2000颗		库存充足
生产班组安排	班组名称	负责款式	人数	开始时间	结束时间
	缝制一班	春季连衣裙	20人	08:00	18:00
	缝制二班	春季长袖	15人	09:00	17:00
机器设备调度	设备类型	数量	使用班组	使用时段
	自动裁剪机	2台	裁剪班组	全天轮班作业
	高速平缝机	50台	缝制一班/二班	按班组需求分配
	锁边机	10台	后整理班组	下午集中使用

	阶段	预计开始时间	预计结束时间
预计完成时间表	原材料准备	07:30	08:00
	裁剪	08:00	12:00
	缝制	08:00—18:00	分班组进行
	后整理	14:00—20:00	集中处理
	成品检验	19:00—21:00	逐批检验
	成品入库	21:00后	当晚或次日晨

生产计划的制订

在制订生产计划时，企业要充分考虑到以下几点：

（1）要进行市场调研，收集市场需求信息及未来的市场发展趋势，要注重分析需求量的波动情况。

（2）要与企业销售部门合作，获取准确的历史销售数据以及销售预测数据，为生产计划提供市场依据。

（3）要分析历史生产数据，确定其中的不稳定因素。

（4）要评估企业现有的生产能力，包含设备、人力、原材料等资源，确保生产计划的可行性。

（5）要确定企业未来一年是否有加大产能的计划，如有可提高生产计划总额。

（6）要根据市场需求与企业战略来确定生产计划，确保生产计划与企业目标一致。

（7）要与物料需求计划等现代计划方法结合，根据销售预测与现有库存情况，推测零部件、原材料、成品的需求计划。

（8）识别影响生产计划执行的风险因素，如原材料不足、设备故障、人力短缺，针对不同的风险因素制定应对方案。

（9）建立监控机制，定期对生产计划的执行情况进行监控与评估，及时发现并解决问题。

生产计划管理

生产计划做得再好，如果没有管理、没有执行，也只是一纸空文。所以，在做生产计划时，也要制定相应的管理措施并充分执行。

生产计划管理是指对生产过程中的各项活动进行有效的组织与协调，确保企业能按照生产计划完成生产任务，将产品按时保质地交付给客户。生产计划管理的重点内容如下：

（1）工程管理：是指对生产过程中效率的管理，以保证在交付日能交付。

（2）品质管理：是指对生产质量的管理，避免因不合格率过高返工耽误生产或影响企业声誉。

（3）成本管理：是指在成本计划的指导下对生产过程中的成本进行监控与把握，避免生产成本超出计划。

（4）作业管理：是指对生产作业的标准进行设定，同时监控生产过程是否按照标准来执行。

（5）设备管理：是指对生产主体的充分配置与维护，以保证生产的顺利进行。

（6）物料管理：是指对生产所需的原材料及零件进行把控，确保其资源充足。

（7）人员管理：对生产所需要的人力进行合理的安排，避免人员短缺或出现过度加班情况。

（8）风险管理：是指对生产过程中可能产生的风险进行识别，并制定相应的解决措施。

附：企业生产计划管理制度模板

1. 目的

为保证订单的流程环节缩短、沟通有效、效率提高；确保生产有序和高效运转，满足客户要求。

2. 范围

本制度适用于公司所有的生产计划运作。

3. 职责

3.1 公司高层：负责审核、批准年度生产计划、产能需求计划。

3.2 营销中心：负责录入订单；提供年度销售计划、每月销售 T+3 滚动预测；提供订单资料信息；协调处理订单异常事项。

3.3 生产中心生管部：负责编制生产中心年度/月度生产计划、资源需求计划；组织订单评审；编制生产作业计划；协调处理生产异常事项；做好报表的统计与分析。

3.4 生产中心事业部/公司：按照生产计划组织生产和落实；组织产能需求计划的实施；协调解决生产异常问题。

3.5 质量管理部：负责品质的归口管理，质量争议的仲裁。

4. 过程及要求

4.1 生产计划

4.1.1 销售预测

a) 营销中心每年 11 月份提供确定的《年度销售计划》给生产中心生管部；

b) 营销中心每月 20 日前提供确定的《销售 T+3 滚动预测》给生产中心生管部。

4.1.2 生产计划及产能需求计划

a) 生管部在收到《年度销售计划》后编制《年度生产计划》和《年度产能需求计划》，经各事业部审核后报公司高层进行审批；

b) 生管部根据订单接单及收到《销售 T+3 滚动预测》后编制《月度生产计划》和《月度产能需求计划》，经各事业部审核后实施并跟进产能需求计划的落实；

c) 备产计划，业务方面根据市场情况可提出备产需求，经营销中心领导和生产中心领导批准后，生管部向事业部下达备产计划。

4.2 订单评审

a) 业务员在接到客户订单后，传递到生管部，生管部根据事业部提供的产能进行订单评审，从原材料采购、半成品到位周期、表面处理、装配、包装等各个生产环节进行预排期，确定后 1 天内回复业务员生产完成交期；

b) 订单变更的评审，涉及订单的变更时业务员在 OA 中填写《订单修改单》，提交后交给各相关评审部门评审，评审完成后由业务员下发备案；

c) 订单评审通过后，业务员在系统中按照要求清楚输入订单，生管部计划员在供应链平台中查找订单并确认，订单确认通过后系统直接导入 ERP 中。

4.3 订单生成

a) 生管部订单选配员根据导入 ERP 中的订单描述选取要求的配置形成 ERP 订单，并做订单进展；如涉及新数据还需要进行数据添加，具体按照《订单选配、数据维护管理制度》操作；

b)ERP 订单生成后，生管部打印出相应的《订单明细》，下发给事业部相关部门。

4.4 生产作业计划

a) 生管部计划员根据订单的交期制订生产计划并下发到事业部；

b) 生管部物料跟进员根据生产计划确定物料到位情况；

c) 生管部计划员根据生产产能负荷情况，确定是否需要外发加工，按《外发加工合同》进行处理。

4.5 生产数据统计分析

a) 各事业部每天中午前把《订单完成情况统计日报》和《异常日报》上报生管部统计员；

b) 生管部统计员根据事业部提供的报表，按日、周、月进行统计分析，形成日报、周报、月报，报送给管理需求单位及营销部门。

4.6 异常处理

a) 计划员在订单跟进过程中发现订单信息未齐全的，要求营销中心及时提供；

b) 计划员在订单执行过程中发生无法处理的异常时要立即报其主管领导协调处理，若处理结果涉及订单交期变更时要填写《生产计划变更表》，报给营销中心；

c) 涉及横向跨系统、部门间协调事宜的重大事项，要报公司领导共同组织处理；

d) 各事业部间产生质量争议时，提请质量管理部仲裁；

e) 生管部每周组织生产例会，协调解决重大生产事项。

5. 附则

5.1 本制度由生产中心生管部负责解释。

3. 生产采购：打造最匹配供应链条

企业物资采购是供应链管理的重要环节，直接关系着企业的成本控制、运营效率和市场竞争力。

采购供应链的运行，就是通过对存在于需求方、采购方和供应商三方之间的需求资源、供应资源、物流资源、信息资源、人力资源和管理资源等进行整合，协同三方的行动方案，化对立竞争为稳定合作，化各自为战和独立应对外部竞争为联合应对外部竞争，打造三方相对稳定的供应链，实现多方共赢。

采购供应链管理可能存在的问题

（1）库存成本太高。面对激烈的市场竞争，企业需要在较短时间内针对不同市场领域生产出大量不同的新产品，由于是一边研制一边投产，所以物资富余，库存成本非常高。

（2）采购人员素质良莠不齐。采购人员水平不等，素质参差不齐，监管力度也没有跟进，导致采购成本增加。采购关系着材料市场行情的调查、成本控制、产品质量查证、供应商实力的评估，采购人员控制着供应链的命运，采购也直接影响着生产。要想理顺采购供应链流程，就对采

151

购人员提出了更高的要求。采购人员不仅要具备较强的工作能力、分析能力、预测能力、表达能力，还要有一定的知识与经验，具备廉洁、敬业、虚心、耐心、遵守纪律等良好素质。

（3）无法控制采购成本。采购费用，不仅包括材料的运输费、装卸费、保险费、包装费、仓储费，还包括运输途中的合理损耗和入库前的整理挑选费等。此外，在实际业务发生时还可能产生其他一些费用，例如：采购人员的旅差费、市内采购材料的运杂费、专设采购机构的经费等。而这些因素都具有不确定性，造成了采购成本无法得到控制。

（4）供应商综合实力较弱。质量、成本、交货、服务、技术、资产、员工与流程等都是评价供应商的综合指标，如果供应商的综合实力较弱，缺少应急机制和应对策略，就无法应对突发状况，无法满足企业多方面需求。

（5）各部门缺少协调、程序混乱。采购部门只有与技术部门、制造部门、生产部门、质量监督部门、仓储部门、财务会计部门、公关部门等密切合作，才能了解产品质量、产品库存、供应商实力等问题，一旦缺乏沟通与合作，就会导致消息闭塞迟钝，企业发展就会受到负面影响。

（6）采购渠道与信息不畅通。市场信息的不对称和流通环节的不通畅是企业发展的瓶颈。主要原因在于：供应商的销路难，企业想要找到合适的供应商也难；实际供应市场与企业采购部门掌握的信息不畅。

加强对采购供应链管控的方法

（1）降低库存压力，科学库存管理。库存过量，就会占用不必要的资源，产生大量的库存费用。要想杜绝这种情况，就要实行科学的库存管理，把库存控制在合理的范围内。比如，通过库存信息管理系统，进行库存管理，实现库存管理的科学化和合理化。

（2）优化采购主管和采购人员。优秀的采购主管一般都能做出正确决策，并领导团队完成工作。同时，离不开能力突出、品质优秀、吃苦耐劳的采购人员，因此，要对采购人员进行岗位职责培训，实行定期绩效考核。

（3）设立专门的采购监管部门。采购监管是对采购项目的全过程管理，内容包括编制采购预算、选择采购方式、执行采购程序、拨付采购资金等。为了达到监督质量和控制成本的目的，要加强对采购的监管，购买物料时，采购员必须索要正规发票及采购单，同时完成发票的报销，完成对采购部的购销核算工作。

（4）选择合适的供应商。可选择的供应商数量，直接影响着原材料产品的质量、价格等。供应渠道单一、供应商数量少，会使某些供应商一家独大，无法保证产品的价格和质量。因此，要建立一个稳定而富有竞争性的供应商群体，优化供应商间的关系，使其公平竞争；建立健全的、覆盖广的采购网络，进行预测和风险评估，优化对供应商的管理，增强企业的市场竞争力，实现与供应商共赢。

（5）改进采购计划管理。制定合理的采购供应链管理制度，让采购人员严格遵守，使其分清条理、明晰责任，保质保量地完成采购任务。

（6）智能化管理采购。现代经济的发展离不开互联网技术，要想在日趋激烈的竞争中占得一席之地，就要壮大自身的综合实力。而要想实现这一点，就要建立大数据库，通过信息系统管理终端智能操作和监控整个采购程序的动态，使采购供应链的整个流程，即信息收集、价格交涉、评估决策、请购订购、催货验收、整理付款等得到有效控制。

4. 生产数量：不过多积压，生产由需求拉动

卖多少做多少的需求拉动型生产模式

所谓需求拉动型生产模式，就是东西卖出多少，生产线生产多少。也就是说，由后段产品库存状况决定生产量，因此又称为后段工程牵引型生产架构。其优势在于，能够防止过量生产与产品滞销问题。具体表现为：

（1）快速响应市场需求的变化。生产往往都是以实际需求为基础的，企业可以更灵活地调整生产计划，避免过量生产和产品滞销的风险。

（2）真正实现按需生产。如果每道工序都按下道工序的要求，在适当的时间、按需要的品种与数量生产，就不会发生不需要的零部件生产出来的情况。一旦顾客需要，就能设计、生产和制造出产品，企业就能抛开销售预测，直接按顾客的实际要求生产。当顾客知道可以在最短的时间内得到自己想要的东西时，顾客的需求就会变得稳定很多。

推动式生产与拉动式生产

（1）推动式生产。简言之，就是计划部门根据市场需求，按产品构成清单对所需的零部件规格和数量进行计算，得出每种零部件的需要量和各生产阶段的生产前置时间，确定各零部件的投入产出计划，按计划发出生产和订货的指令。在推动式生产中，每个生产车间都要按计划生产零部件，将实际完成情况反馈到生产计划部门，并将加工完成的零部件送到下一道工序或下游生产车间，无视下一道工序或下游生产车间当时是否需要。这时候，物流和信息流基本上是分离的，整个过程相当于从前（前工序）向后（后工序）推动。

（2）拉动式生产。简言之，就是在下游顾客（或工序）提出要求之前，上游企业（或工序）不能进行产品生产或提供服务。拉动式生产是从市场需求出发，由市场需求决定产品组装，再由产品组装拉动零部件加工。每道工序、每个车间都按照需要向前一道工序或上游车间提出需求，发出工作指令；上游工序或车间再按照这些指令进行生产，将物流和信息流结合在一起。

全面实行拉动式生产

拉动式生产坚持以销定产的原则，把后道工序作为前道工序的用户，以总装为龙头，以总装拉总成，以总成拉零件，以零件拉毛坯，以毛坯拉动原材料供应。要想全面实行拉动式生产，除了转变思想外，还要抓住以下几个环节：

（1）努力实现均衡生产。均衡生产是拉动式生产的前提。这里的均衡不仅是数量的均衡，还包括品种、工时、设备负荷等的均衡。设备等始终处于良好状态，材料和毛坯供应准时，工人技术水平和出勤率良好、稳定等都是重要条件。

（2）组织看板（普通看板、电子信息化看板）生产。供应链按需求送货，大量压缩产品库存。

（3）计算机辅助生产管理。应用计算机进行技术文件管理、计划管理和生产统计、分析；与销售、供应、协作等部门联网，实现资源信息共享，逐步实现多品种标准化生产和同步化生产，把拉动式生产真正提高到现代化管理水平上来。

（4）保障各环节。为各个环节都提供保障，才能实现生产的均衡。各部门都要全神贯注地投入、协作，后勤方面更要努力提供实时的优质服务，建立准时化生产体系。

（5）按市场需求，适时调整。为了实现均衡生产，每月按销售要货计划编制计划，并根据市场需求适时调整，不畅销的产品迅速停止生产，畅销的产品尽快安排，初步实现多品种混流装配，均衡生产水平。

5. 生产质量：保质就是最有效的降本增效

质量永远是企业生产的第一命题，生产高质量的产品不仅是对消费者负责，也是对企业自身负责。因为保证产品的高质量不仅能帮助企业塑造好口碑，还能降低因低质量而造成的生产浪费。简而言之，保质就是企业最有效的降本增效。

大部分企业都在进行质量管理，以降低不良品造成的浪费。但是，在执行过程中却存在各种各样的问题，以至于无法达成质量管理的预期。总的来说，当下企业在质量管理工作方面存在的问题如下：

问题一：质量改善的目标不明确，导致执行过程缺乏动力与指引，无法取得实质性的效果。

问题二：质量问题由来已久，因为长期找不到质量改善的方向及方法，逐渐积累，严重影响产品质量，使品牌声誉受损。

问题三：质量管理效率低。即使找到了问题，但因为某些原因无法及时分析问题，影响问题的分析和解决速度。

问题四：质量管理主动性差。因为没有具体的责任部门，缺乏统一的管控协调以及相应的奖惩机制，导致质量管理主动性差。

问题五：没有找到合适的方法。不知道如何进行质量管理，只会盲目学习，即使采取了质量管理，效果也并不好。

那么，到底应该如何做呢？我们不妨来看看丰田的生产质量管理方式。除了全面质量管理，丰田还采取了以下的配套管理。

源头管理

丰田公司相信："产品质量不是检验出来的，而是制造出来的。"因此，丰田质量保证的重心放在了生产现场与工序作业管理上，从源头上杜绝不合格产品的产生。源头管理可以让企业发现哪里出现质量错误，就在哪里把错误的原因找出来并消除。丰田还要求，产品生产出来后，检查的第一人员不是质检员，而是作业人员。为在源头上保证产品质量，丰田授予了作业人员一项巨大的权力，即使只是一名普通的基层一线作业人员，当发现产品质量问题时有权停止全线生产，以便纠正质量问题。

自动化生产

自动化生产是丰田汽车公司质量控制的重要手段。但它的自动化并不是以高自动化完全替代人工，而是将人的智慧赋予机器，让机器能够自动辨别工作状态、自动检测不合格产品，并在不合格产品产生时停止工作，减少损失的扩大。自动化生产可以让作业者从不停的监控工作中解放出来，把精力放在提升工作能力上。丰田自动化的质量管理工作主要包括以下内容（见图7-3）。

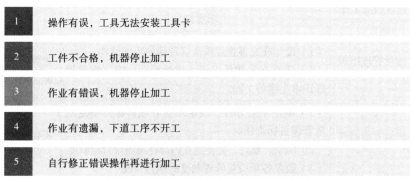

1	操作有误，工具无法安装工具卡
2	工件不合格，机器停止加工
3	作业有错误，机器停止加工
4	作业有遗漏，下道工序不开工
5	自行修正错误操作再进行加工

图7-3　丰田自动化质量管理工作的内容

方针目标管理

为了更好地实现全面质量管理，丰田采取了方针目标管理，作为全质量管理的支撑。方针目标管理是指在全公司的质量管理体系中，将决策者根据长期方案制定出的年度方针，逐步分解到各部门，比如厂长方针目标、部长方针目标等。为了更好地执行方针管理，丰田不但要求制定方针实施计划书，还要求制订实施计划书的检查计划。

方针目标管理的实施大致可以总结为以下几步：

第一步：质量方针的制定。企业高层领导树立正确的经营思想与经营理念，组织制定质量方针，经过多方调查、论证后确定，由企业最高领导签署后颁布实施。

第二步：质量方针的实施。依据质量方针制定质量目标、考核指标，建立质量管理体系，以保证质量方针的有效实施。

第三步：质量方针的评审。质量管理人员定期对质量方针的落实情况进行测量和检查，汇总数据，作为管理评审的依据；企业管理人员从适宜性、有效性等方面对质量方针的落实、实施情况进行评审。

第四步：质量方针的修订。根据评审结果进行修订，之后再由最高领导签署。

附：生产质量管理相关表格

表7-2　质量管理部工作职责一览表

质量管理部工作职责	职责细分	备注
1. 质量管理组织建设	（1）设计或完善企业质量管理部的组织结构 （2）建立有关质量组织（质量活动小组、质量管理评审小组等）	需要人力资源部的协助
2. 质量管理制度建设	（1）制定质量方针，确定质量管理目标并制定质量管理目标责任制 （2）编制、修订、完善企业内部各项质量管理制度 （3）监督各项质量管理制度的执行情况	需要行政部的协助
3. 质量计划管理	（1）制订年度质量工作计划，并将计划分配、落实到相关人员 （2）建立和完善质量工作原始记录、台账、统计报表等文件 （3）按期完成年度、季度、月度质量统计工作	
4. 质量检验	（1）组织实施对原材料、外协件、外购品、自制件的检验，以及对产品工序、成品的检验 （2）组织开展制程巡回检验工作，并进行制程质量的专案研究，以便提出制程质量改善、事故预防措施 （3）出具检测报告，对出厂产品的质量负全部责任	
5. 质量监控	（1）组织对生产车间或各下属单位的例行质量检查工作，对生产过程的执行情况进行监督 （2）对生产制造过程中出现的质量问题进行妥善处理 （3）组织开展不合格品评审工作，针对质量问题组织制定纠正、预防和改进措施，并对措施的落实情况加以跟踪和验证	
6. 质量体系管理	（1）建立和完善质量保证体系，执行各体系的质量管理规定 （2）推行全面质量管理，并负责质量体系的认证、组织和推行工作	

表7-3 质量方针实施对策表

质量方针	现状与问题点	目标值	对策措施	完成期限	组织负责人	负责横向展开部门	实施部门	
							负责部门	协助部门

表7-4 部门质量目标展开表

质量方针							
部门（车间）质量目标							
序号	目标与目标值	对策措施	各职能及生产班组展开	负责人	配合者	完成日期	检查人

表7-5 质量目标分解实施评审表

部门： 考核日期： 年 月 日— 年 月 日

序号	目标内容		频次	1季度	2季度	3季度	4季度
1	按计划对供方进行评价		年/次				
2	开展顾客满意度调查，顾客满意度≥85%		季/次				
3	顾客意见处理	顾客意见处理率达100%	季/次				
		顾客的口头投诉当即反馈给各有关部门，及时解决	季/次				
		书面投诉在24小时内答复，5天内给出措施	季/次				
4	供方对交付的流程监控，监控有效率达100%		季/次				
5	检验员处的技术文件的有效率达100%		季/次				

159

续表

序号	目标内容	频次	1季度	2季度	3季度	4季度
6	现场的工艺文件、作业指导书的有效性达100%	季/次				
7	设备完好率≥95%	年/次				
8	车间工艺贯彻率达100%	季/次				
9	无批量质量事故	季/次				
10	成品交付率达100%	季/次				
11	仓库账、卡、物"三一致"率达98%以上	季/次				
12	每年检查一次库存产品质量状况	年/次				
13	进货检验率达100%	季/次				
编制：		审核：				

6. 生产浪费：消除产业链条上的浪费

　　精益生产是一种追求生产系统效率最大化的生产方式，其核心目的就是消除生产过程中的浪费，以提升生产效率、降低生产成本。

　　什么是生产浪费？

　　在精益生产的语境中，生产浪费是指那些在生产过程中不能让产品增加价值，但消耗了生产资源、时间、空间、原材料、人力的活动或环节。生产过程中的浪费有很多，我们要学会识别、了解其产生的原因，意识到其产生的负面影响，并积极采取措施避免浪费。

浪费一：过量生产

过量生产浪费，是指生产的产品大于客户当期的需求量，造成库存积压而产生的浪费。

（1）产生的原因：

①对市场需求把握不准，生产了大于市场需求量的产品；

②决策层思维错误，追求表面的生产率；

③对机器设备发生故障、异常及对员工缺勤的担心；

④各工序制造能力不同，然而制造过程中设备被要求不能停止，导致前工序的制造速度比后工序快，制造速度大于销售速度，造成大量积压；

⑤作业人员过多，为不闲置作业人员，加大生产量。

（2）造成的危害：

①过早消耗生产资源，比如材料、零件、资金；

②造成电、气、油等能源的浪费；

③零件、半成品需要先行生产而导致不同步的空间浪费；

④货架台、材料搬运、搬运车、升降机增加的浪费；

⑤占用资金造成利率负担的增加；

⑥在库产品导致库存管理成本的增加；

⑦如发现产品存在改善空间，过剩产品无法加入改善行列。

（3）消除的办法：

①做好市场调研和需求分析工作，准确把握市场需求的变化，包括消费者偏好、竞争对手动态；

②利用数据分析工具，对市场进行科学的预测；

③基于市场需求预测，制订合理的生产计划；

④加强对生产过程的监督与调控，及时发现并解决生产过程中可能造成生产过剩的问题。

浪费二：等待

等待浪费是指在生产过程中因为某种原因而造成的机器或者人员的等待，它导致非增值时间，必须予以消除。

（1）产生的原因：

①生产所需资源供应不及时造成的等待；

②生产不平衡造成的浪费，如下游产能小于上游产能，或上游产能小于下游产能；

③生产计划不合理导致的等待，一般有以下情况：制造间生产计划安排不合理，各制造产出不均衡，P/O（采购订单）减少形成的整体性等待；

④生产线切换，换线、换模需要时间造成的等待；

⑤人机不平衡造成的等待；

⑥品质问题造成的等待；

⑦管理造成的人、机等待。

（2）造成的危害：

①延误生产周期；

②成本压力增加；

③员工赶工造成的加班成本。

（3）消除的办法：

①提高计划的准确性与及时性；

②合理安排各工序的生产任务，确保各工序间的产能平衡；

③引入自动化设备，减少人工操作；

④加强设备保养，减少故障；

⑤做好人力资源规划，避免人员多于机器；

⑥加强供应链管理，防止缺货。

浪费三：过剩加工

过剩加工浪费是指在品质、规格及加工过程中的投入超过消费者需求从而造成的资源浪费。

（1）产生的原因：

①过剩品质：超出客户需求的过分精确的品质造成的浪费；

②过分加工：超出产品设计的多余的加工；

③过分检验：在企业内部执行中添加客户不付费检验造成的浪费；

④过分设计：在产品、技术规格、组织等方面的设计添加过分的安全系数保障。

（2）造成的危害：

①需要多余的作业时间和辅助设备；

②生产用电、气、油等能源浪费；

③机器、人员使用时间的增加。

（3）消除的办法：

①严格按照消费者需求来生产产品；

②加强生产过程中的监督；

③制定生产计划流程，并严格执行。

浪费四：不良品

不良品浪费是指生产过程中生产出的产品不合格，在进行处置时所造成的时间、人力、物力的浪费，以及由此造成的相关损失。

（1）产生的原因：

①物料、人员等资源配置不足或过剩，进而影响产品质量，产生不良品；

②使用的原材料质量不达标；

③物料管理不善；

④设备故障或维护不足导致产生不良品；

⑤生产环境不达标；

⑥人为原因，操作失误或技能不足。

（2）造成的危害：

当不良品因无法修复而最终成为废品时，会直接导致以下一系列连锁反应与损失：

①不良品所消耗的材料无法再利用，造成了材料成本的直接损失；

②涉及的设备、人员及其工时均因处理废品而未能有效投入生产活动，导致设备利用率下降、人员生产力闲置以及工时成本的浪费；

③为识别、分类或尝试修复造成的额外支出；

④产品市场价值的降低；

⑤品牌信誉及客户信任受损。

（3）消除的办法：

①严格把控原材料质量，确保物料管理规范；

②定期对生产设备进行检查、保养和维修，确保其性能稳定；

③确保生产环境符合要求；

④加强员工培训，提高员工技能水平；

⑤强化质量管理工作。

7. 价值工程：把钱花在刀刃上

企业的精益生产离不开价值工程的分析，因为只有通过对产品功能的分析，才能正确处理功能与成本之间的关系，通过区分必要功能、不必要功能、不足功能、过剩功能，以实现产品价值的最大化。价值工程贯穿产品的整个生命周期，从产品研究、设计到原材料的采购、生产制造以及推销维修。企业可以把价值工程的结果用于指导生产制造，让企业避免因生产不必要功能或是过剩功能而造成成本的浪费。

价值工程的计算公式：

价值（V）= 功能（F）/ 成本（C）

价值的大小取决于功能和成本。产品的价值越高，则表示在生产过程中，企业合理有效利用资源的程度和产品物美价廉的程度越高，反之企业应设法改进。

价值工程的实施原则

价值工程的操作过程非常复杂，为了避免产生较大的偏差，在实施时要遵循价值工程法的创始人麦尔斯在长期实践过程中总结出的一套指导原则：

（1）分析问题要避免一般化、概念化，要作具体分析。

（2）收集一切可用的成本资料。

（3）使用最好、最可靠的情报。

（4）打破现有框框，进行创新和提高。

（5）发挥真正的独创性。

（6）找出障碍，克服障碍。

（7）充分利用有关专家，扩大专业知识面。

（8）对于重要的公差，要换算成加工费用来认真考虑。

（9）尽量采用专业化工厂的现成产品。

（10）利用和购买专业化工厂的生产技术。

（11）采用专门的生产工艺。

（12）尽量采用标准。

（13）以"我是否这样花自己的钱"作为判断标准。

价值工程的实施步骤

第一步：对象选择。从市场需求出发，根据企业的具体情况选择。

第二步：设计阶段。产品设计标准是否合适，品牌是否存在不必要的功能等。

第三步：生产阶段。寻求实现设计要求的最佳生产方案。

第四步：材料、设备选用。寻找在满足质量要求的前提下是否有低成本的替代材料、设备。

第五步：收集信息。这是价值工程实施过程中进行分析、评选的依据，收集的信息应符合以下四大标准（见图7-4）。

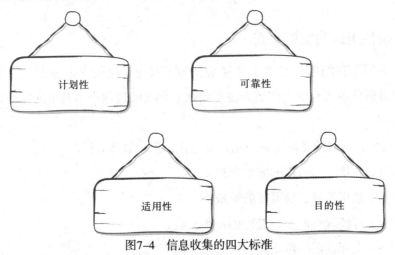

图7-4　信息收集的四大标准

第六步：产品功能分析。通过这项分析去掉产品不必要的功能、补充不足的功能，使产品功能结构更加合理。

第七步：功能价值评价。评价同一级的各功能价值的大小，从而寻找功能与成本在量上不匹配的具体改进方法。

第八步：方案创新。根据已经建立好的工程流程图与功能目标成本，再进行创新，设计出更有使用效果、经济效益更好的方案。

第九步：评价优先。对备选的创新方案进行评价和选择。

功能分析与功能评价

在价值工程中，功能分析与功能评价是最核心的内容。

功能分析包括了功能定义与功能整理，它基于产品是"做什么"而不是"是什么"的原则，要求产品设计者明确区分产品的基本功能与附属功能。

产品基本功能的分析可参考以下几个问题来评判：

第一，如果这个功能被取消，产品是否没有存在的必要？

第二，这个功能的作用是否必不可少？

第三，功能改变会引起产品工艺和配件的改变吗？

如果答案是肯定的，就是基本功能，其他的就是辅助功能。

功能评价是指对产品的各功能在功能系统中的重要程度进行评价。功能评价的基本流程如下：

第一步：对功能实现的现实成本进行计算；

第二步：确定功能实现的目标成本；

第三步：对功能的价值进行计算；

第四步：计算出成本降低的期望值；

第五步：选择价值系数低、成本改善期望值大的功能进行改进。

表7-6　降本增效、精益生产工作计划表

工作内容		实施部门	相关部门	时间进度（月）											
				1	2	3	4	5	6	7	8	9	10	11	12
1）生产管理方面	a）由计划科制订月度生产计划。各车间根据月生产计划，制订周工作计划，分解到各班组，班组制订日生产计划，分解到零部件、工序	营销部、生产部、各车间	营销部					○	○	○	○	○	○	○	
	b）车间有定期向后续成品及其他车间转移的零件清单及日程安排	车间	生产部					○	○	○	○	○	○	○	
	c）生产计划和工序间流转实行看板管理，零件尽可能安排流水线生产，降低零件仓储及搬运的工作量	车间	生产部					○	○	○	○	○	○	○	

续表

工作内容		实施部门	相关部门	时间进度（月）											
				1	2	3	4	5	6	7	8	9	10	11	12
1）生产管理方面	d）车间建立零部件、在制品投入产出台账，并建立在制品库零件仓储看板，在制品制定最高储备定额，现场在制品不超储备定额，在制品定置、定量摆放，标识清楚	车间	生产部					○	○	○	○	○	○	○	
	e）生产安排能满足准时化生产，满足工序间均衡衔接，无停工待料现象	车间	生产部					○	○	○	○	○	○	○	
	f）工位器具配备齐全、达到操作便利化要求，方便作业人员取放工件	车间	生产部					○	○	○	○	○	○	○	
	g）生产现场无闲置设备、工装，在用设备、工装有日保养计划，使用状态良好	车间	生产部						○	○	○	○	○	○	
	h）有设备一、二级保养计划，易损件有备件，设备故障以预防为主，维修及时，车间设备点检保养维护及时，无跑冒滴漏现象	车间	生产部					○	○	○	○	○	○	○	○

工作内容		实施部门	相关部门	时间进度（月）											
				1	2	3	4	5	6	7	8	9	10	11	12
2）工艺、劳动管理	a）按工序流程布置设备、工装，人机组合合理，没有明显的无效走动距离和等待时间	技术部、生产部	车间				○	○	○	○	○	○	○	○	○
	b）工段内上、下道加工产品进行动态流动，无静止存放	车间	生产部				○	○	○	○	○	○	○	○	○
	c）上、下道工序产品转移距离短，减少无效距离	车间	生产部				○	○	○	○	○	○	○	○	○
	d)产品摆放合理、规范，拿取方便	车间	生产部				○	○	○	○	○	○	○	○	○
3）质量管理	a）生产人员掌握产品质量控制标准、检验方法并能认真进行自检，做好自检记录，生产出的不合格品能及时隔离	车间	质保部				○	○	○	○	○	○	○	○	○
	b）生产人员按工艺规范操作，无违章作业并做到不合格品不接收、不制造、不传递	车间	质保部				○	○	○	○	○	○	○	○	○
	c）产品质量状态清晰，不合格品严格隔离	车间	质保部				○	○	○	○	○	○	○	○	○
	d）检测手段完备，检测用量具、检具放于现场，方便作业人员操作，并能满足产品质量控制需求	车间	质保部				○	○	○	○	○	○	○	○	○
	e）产品质量稳定，不合格品小于控制指标，质量问题及时有效解决，具有可追溯性	车间	质保部				○	○	○	○	○	○	○	○	○

续表

工作内容		实施部门	相关部门	时间进度（月）											
				1	2	3	4	5	6	7	8	9	10	11	12
4）物流管理	a）原辅材料、外协件采购计划量不超过最高储备定额	营销部	财务部				○	○	○	○	○	○	○	○	○
	b)原辅材料、外协件、产成品、备件、工具有最高和最低储备定额	营销部	财务部				○	○	○	○	○	○	○	○	○
	c）原辅材料、外协件、备件、工具、低值易耗品有消耗定额指标，并分解到车间、工序	技术部、生产部	财务部				○	○	○	○	○	○	○	○	○
	d）严格按日生产计划配料及投料	各车间	生产部、财务部				○	○	○	○	○	○	○	○	○
	e）库存产成品、外协配套件、原辅材料定置、定区域摆放整齐，包装规范，账、卡、物相符	财务部	生产部、营销部				○	○	○	○	○	○	○	○	○
	f）物流流向合理，搬运中没有无效劳动和浪费	各车间	生产部				○	○	○	○	○	○	○	○	○

第八章
共享协同：1+1>2的效应

　　"共享协同"如今已经成为一个热词，企业与企业之间、企业部门与部门之间、企业员工与员工之间，都在进行合作，互相帮助，好像进入了乌托邦。其实，竞争依然存在，只是大家意识到合作比竞争更能带来价值。共享协同，就代表着企业间或企业各部门间能通过资源共享、知识交流和技术创新等方式，实现优势互补、风险共担和利益共享，实现1+1>2的效应。

1. 实施产品共创

在如今快速发展的时代，产品日新月异，市场竞争非常激烈。企业想要脱颖而出或是维持竞争优势，就只能不断地创新。但对于大多数企业来说，创新的成本非常高昂，单是研发人才的培养就是一笔不小的支出，所以，大多数企业的产品更新速度并不快，即使有也只是微小的创新，然而微小的创新的产品对消费者的吸引力并不大。如何改变这种情况？企业可以尝试共享协同的理念，与他人合作，进行开放式的产品创新。

有不少企业通过这个方式获得了成功。比如乐高，它可以称得上是共创产品的顶级玩家。

早在 21 世纪初，乐高就启动了产品共创的项目：

发起"核心引力项目"，通过网上调查收到回复，并组织了一系列市场测试和儿童焦点小组活动。

举办"积木盛宴"，乐高高管与 500 名乐高成年粉丝进行长达 3 小时的问答。

组建儿童圈子，在全世界招募了 2000 名儿童，邀请他们来测试玩具，并在官网上评论设计师设计的玩具图片与初期玩具模型，对即将上市的产品发表看法。

推出乐高大使计划，从全球成人玩家中挑选 20 名大使，直接与乐高对接社群的反馈与要求，并征集他们的想法。这些大使成了新的乐高共创群体，给了乐高创新驱动力。

打造"LEGO Ideas"平台，汇聚全世界的玩家和创作者，在平台里他们可对产品进行想象、创造、提案。获得 1 万支持的产品，通过乐高评审后就能变成乐高的产品在全世界销售，创作者可获得 1% 的销售分红。

乐高与 Tongal 公司（连接自由职业者和视频制作的平台），打造 LEGO World Builder（乐高世界建筑师）平台，通过这个平台粉丝们可以协同创造新的乐高。

Mindstorm（乐高机器人）创新后，成功构筑了由乐高、MIT 和使用者社群共同形成的一个包含供应者、合作伙伴顾问、外围制造商和大学教授等的完整生态系统。

共创产品的两个赋能

共创产品可以帮助企业激发无限创意，推动产品的创新，降低企业的创新成本。此外，它还能带来两个赋能：

（1）认知赋能。参与共创的产品融合了无数人的智慧，或拥有无数的来源，它可能是与某个亚文化的融合，或找出了一个新场景、击中了一种新情绪，又或者抓住了市场的盲点、用户的痛点。无论是出自哪种类型的创意，都能给消费者带来新的认知，从而给产品的销售带来无限可能。

（2）迭代动能。创新产品非常困难，要想吸引消费者的注意力，产品就必须进行持续的迭代，但企业创新团队的人是有限的，灵感也是有限的，所以持续迭代的难度会一代比一代更高。然而当你的原型产品被不同人群在不同场景应用时，就会形成新的认知与痛点，当你邀请使用者参与迭代时，使用者就能为你提出源源不断的创新建议。

用户是最好的共创者

Seed Beauty 是全球唯一能在短短 5 天内就完成"从概念到产品落地"的美妆公司，像欧莱雅这样的美妆巨头推出一个新产品可能还需要 1 年的时间，为什么前者能这么快？因为从成立开始，它就让共创成为企业的核心竞争力之一。其共创产品的主要方式就是让用户直接参与产品的研发。

Seed Beauty 旗下所有的品牌和产品都是来自用户，它会邀请拥有百万粉丝的美妆博主担任产品研发专家，与企业的工程师们一起讨论产品；还设置了粉丝参与产品的专属研发窗口，让粉丝参与孵化明星产品。

在 Seed Beauty 看来，用户就是最好的共创者，而且他们的规模庞大，个性、认知、需求、专业知识均不同，可以为企业带来源源不断的创意。

为产品共创设立激励机制

如果想要让产品共创成为可持续实行的项目，那么就要设立一定的激励机制，不能仅仅依靠粉丝"为爱发电"，因为有时候"爱也会消失"。但是设立了激励机制，用户就能持续地为企业提供创意。就像是乐高会给创作者 1% 的销售利润，小米设置了各种荣誉机制，以吸引其继续留在社群，为小米的产品提供建议。

2. 创造营销共赢

"团结起来，争取更大胜利"，这看似高大上的口号，在营销行业却被成功验证了无数次。如今是共享协同的年代，企业间的关系不只有竞争，也可以是合作共赢，尤其是在营销方面。许多有前瞻性的企业都意识到了这一点，将联合推广、营销共赢玩出了花样，并成功实现了 1+1>2 的效果。合作的企业不仅超预期完成了宣传目标，还节省了不少营销宣传的成本。

联合营销怎么做？有许多成功经验可以让我们借鉴学习。比如茅台与瑞幸咖啡的合作，一个是中国历史悠久的传统白酒品牌，另一个是颇受年轻人喜爱的新潮咖啡品牌，传统与新潮的结合碰撞出了不一样的火花。

2023 年 9 月 4 日，贵州茅台和瑞幸咖啡推出的联名咖啡酱香拿铁正式上架开卖。一上线，该产品就在朋友圈刷屏，相关话题多次冲上微博热搜，不仅话题性十足，产品销量也非常可观。

本次的合作可以说是茅台和瑞幸的双赢。茅台通过与瑞幸的合作实现了品牌年轻化的提速；对瑞幸来说，不仅提升了品牌知名度，还提升了自身在咖啡行业的调性。整体的流量、销量、品牌声量通过此次合作都有了较好的提升。

茅台与瑞幸的合作让许多同行"眼红"，也纷纷开始模仿，但效果却并不如意，一是因为跟风导致的效果降低；二是因为这些企业并没有找到联合营销的合作精髓。

双品牌的合作要讲究调性

品牌的联合活动，不是简单的两个品牌之间的合作。如果选择的合作对象不匹配，很难达到效果。在选择品牌进行合作时一般需要考虑以下几点：

（1）地位相当。对各自领域里的佼佼者，合作属于强强联合，而不是以强扶弱。

（2）目标一致。合作双方应确保目标市场有较高的重合度，如此才能更好地发挥联合营销效果。

（3）形象一致。选择与自身品牌形象相符合的品牌进行合作，有利于双方在消费者心中形成统一的认知。

（4）理念一致。合作双方要具备相似的理念，才能给消费者传递一致的价值观，而冲突的价值观会让消费者产生混乱。

（5）优势互补。一般会选择在产品、资源、渠道、技术、人才、市场等各个方面能与自身实现互补的品牌进行合作。

（6）品牌实力。选择知名度高、口碑良好的品牌进行合作，有助于提升自身品牌形象。

（7）市场份额。合作品牌在市场占据的份额越大，联合营销的效果就越好。

联合营销的合作载体

品牌间的合作营销形式，最常见也最为有效的是以下三种：

形式一：产品，是指在同一件产品中融合两个品牌的特征与文化，成为两个品牌的结合体。比如酱香茅台这款产品就融合了茅台与瑞幸两个品牌的特征与文化。

形式二：内容，是指品牌将产品植入合作品牌的内容当中，或是将对方的内容融入自己的产品中，借助合作方的粉丝受众与平台获取更有价值的粉丝。比如一些品牌在影视剧的植入，又比如许多二次元文化在一些咖啡、茶品牌印上自己的人物形象、经典语录等。

形式三：场景合作，是指品牌在对方的平台场景中植入自己的产品，或是将自身品牌文化特征与对方的某个场景相联系，借助其中的共同点，强化用户对产品的认知与认同。

3. 开展人才共享

当今时代，人才可以说是非常稀缺的资源。这也就是各大企业耗费时间、精力、资金，甚至拿出股份去吸引、培养人才的原因，从而引发企业间的各种矛盾。

实际上，这种矛盾是可以避免的。在共享协同时代，人才也是可以在企业间共享的。实际上，已有不少互联网企业采取了这种人才共享的模式。随着人才共享理念的深入，近些年越来越多的人才共享平台成立。

人才共享的具体价值

为什么人才共享的理念被越来越多企业及个人所接受？因为它有着独特的价值。

对企业的价值：

（1）以往企业必须支出的固定人工成本变成弹性人工成本，企业可以根据自己的需求安排岗位及员工，如不需要则无须设置；一些临时性的项目还可以通过外包共享的方式进行，有效降低企业的用工成本。

（2）无须承担劳动纠纷风险。一旦企业出现大量员工冗余，就需要通过裁员来降低冗余成本，但这可能引发大量的劳动纠纷，企业需要承担的风险不小。

（3）接触的人才更加多样化。通过人才共享，企业可以接触到各行各业，甚至以往都没有接触过的更高端的人才，可以从人才身上学到企业可用到的知识与技能。

（4）管理考核更加简单化，企业的管理成本也能随之下降。

（5）与其他企业合作的加深。如果是从其他企业借调人才，可以加深企业间的合作，实现资源优势的互补。

对个人而言：

（1）按产出计费，多劳多得。

（2）工作时间与地点灵活。

（3）知识共享，可以让个人的价值发挥出最大效应。

（4）与更多的企业合作交流，增长见识、眼界、技能，扩展人脉。

人才共享的应用场景

并不是所有的企业都适合人才共享，在实施人才共享计划之前，要考虑以下四个方面适不适合：

（1）是否需要大量用工的企业，比如富士康这种制造型企业，如果突然接了一个订单，就必须用到很多员工，就可以采取人才共享的形式来解决。

（2）是否经常有临时性项目。企业的临时性项目并不多，但这类临时项目企业又必须完成，此时就可以采取人才共享的方式来解决。

（3）是否有适合人才共享的岗位。一般来说，核心岗位不适合采取人才共享模式。

（4）工作是否保密性较强。如果是，则绝对不能采取这种模式。

人才共享的实现方式

人才共享的实现方式有很多种，企业可以根据实际情况采取最适合的方式（见表8-1）。

表8-1　人才共享的实现方式

共享类型	实现方式
外包	企业将一部分员工的工作委托给专业的人力资源服务机构
借调	企业之间通过协商，将部分员工借调到其他企业工作，以满足人力资源需求
互助	企业之间可以通过协商的方式互帮互助，比如开展培训计划、人员交流
平台	建立人才共享平台，将人才信息共享，以便其他企业了解并更好地利用这些资源

人才共享的具体实施

为了更加高效地实现人才共享，并避免一些信息泄露，以及员工因被借调、外包产生的不满等风险，企业还应该做好具体措施。

措施一：签署合作协议，明确人才共享的目的、内容、形式与期限。

措施二：制订实施计划，根据合作意向，制订具体的人才共享实施计划，包括人选、时间、地点、频率、方式、工作范围、借调员工的薪酬。

措施三：设立专门的管理机构来负责共享人才活动。

措施四：定期组织员工到合作企业实地考察、学习，了解对方的业务流程、企业情况、技术特点。

措施五：双方企业可互相派遣员工参与对方的培训项目，以提高员工的综合能力。

措施六：建立相应的激励机制，或为员工提供跨企业的职业发展机会，鼓励更多的员工加入到共享人才机制当中。

人才共享的注意事项

在人才共享机制下，企业间应该做到互通互助、和谐友爱，但有一些事项还是要注意，尽量把风险降到最低。主要注意事项如下（见图8-1）。

 严格遵守合作协议，严防信息泄露，保护双方商业机密

 尊重对方知识产权，不擅自使用、传播

 确保共享不影响员工的权益

图8-1 人才共享的注意事项

4. 促进知识共享

即使在互联网时代，知识的获得变得越来越容易，但真正核心的知识，是很难通过公共渠道获得的，即使是一个企业内的员工也很难跨越知识与信息的壁垒。所以，如果企业想快速培养员工，就要建立一个可以知识共享的机制。

每个企业都有自己的知识共享方式，而华为选择的是导师制。

华为的导师制经历了三个阶段：

阶段一：新员工导师制。充分利用公司内部优秀员工的先进技能与经验，帮助新员工快速提高业务技能，达到岗位对能力的要求。

阶段二：骨干员工导师制。通过更专业、综合能力更高的员工带领他

们，使他们能掌握向领导层发展的技能与专业素养。

阶段三：全员导师制。所有员工都参与到辅导与被辅导的工作中，使辅导成为员工日常工作不可缺少的部分。上级对下级的辅导与绩效、培训挂钩。

华为导师制的实施方式：

（1）选拔实践经验丰富、专业技能强、有良好的沟通及教学能力，同时愿意将自己的所学所得分享给他人的优秀员工成为员工导师。

（2）将新员工与导师配对，导师负责指导和帮助新员工熟悉公司文化、业务、工作内容，并共享其工作经验、教授工作技能。

（3）为导师提供培训，使其能够更好地了解自己的职责和作用，同时，也提高导师的教学能力和管理能力。

导师的选择：

需符合以下要求才能成为导师（见图8-2）：

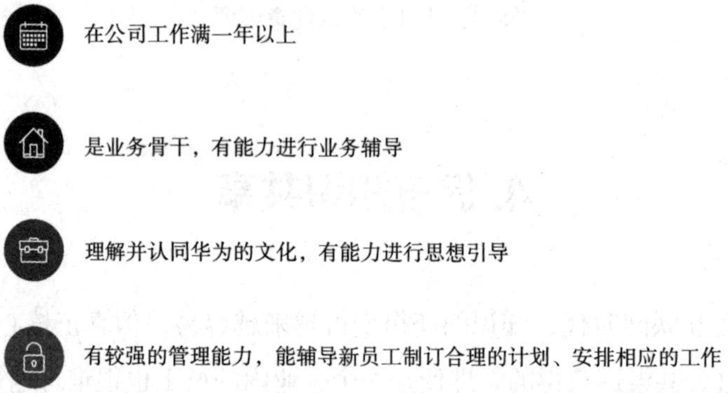

在公司工作满一年以上

是业务骨干，有能力进行业务辅导

理解并认同华为的文化，有能力进行思想引导

有较强的管理能力，能辅导新员工制订合理的计划、安排相应的工作

图8-2　成为导师的条件

知识共享的定义与类型

什么是知识共享？它是指企业通过开发某个机制或是平台，将企业所需要的信息在该平台上或是通过某个机制共享给员工，不管是专业知识或个人经验，又或者重要的数据信息，员工只要有需求就可以通过访问或者学习以获取这些信息。

知识也有分类，总的来说可以分为以下三种（见表8-2）。

表8-2 知识的分类

类型	定义	企业场景
显性知识	通过书面形式、图表、数据、数学公式加以表述，可以被记录、传播，易于共享，能被外人所学习	员工入职流程、公司产品服务内容和产品介绍、公司文化、案例研究、培训手册
内隐知识	通过现实生活中的经验获得，可以被获取和传播	公司的成功经验、老员工的工作经验，当新员工获得内隐知识时，工作效率将得到大大提高
隐性知识	通过个人无法会意和表达的经验所获得的信息，比如高水平的写作技巧、领导能力、销售技巧，无法被记录和储存，只能通过一对一指导的方式进行共享	比如交互式持续培训、工作指导课程、导师制培训

打造知识共享文化的价值

为什么像华为这样的大企业会打造知识共享文化，并将之作为华为培训机制的重点内容？因为它可以带来以下方面的价值：

价值一：加强员工协作与沟通的能力。建立知识共享机制可以让员工更容易协作并将他们的知识经验传授给团队。

价值二：减少企业培训成本。在知识共享机制下，员工主动学习的积极性将得到极大提高，同时企业成功经验与专业技能的获取，可以使员工得到快速成长，企业培训成本大大降低。

价值三：培养导师级员工。知识共享机制可以让员工不断地累积信息和技能，并分享给他人，在积累到一定程度后，该员工如果得到大部分员工的认可，他们的技能、意见及经验将成为企业的标准，企业中的其他人都可以从指导中受益，该员工也将成为导师级员工，获得更好的待遇及尊重。

价值四：激发创新活力。知识共享可以让员工在企业遇到复杂问题时，互相依靠解决问题，并从丰富的知识库中找到更好的解决方式。

结合工作场景打造文化共享机制

要想让知识共享机制最大限度地让企业减少培训成本，或是降低复杂问题的解决成本，一定要结合工作场景打造文化共享机制。企业每个部门都可以建立独立的知识库、知识共享机制，比如销售部门、市场部门、人事部门。结合工作场景搭建文化共享机制，可起到以下几个方面的作用（见图8-3）：

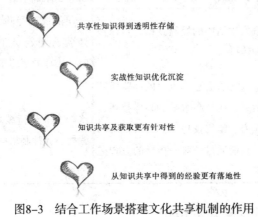

共享性知识得到透明性存储

实战性知识优化沉淀

知识共享及获取更有针对性

从知识共享中得到的经验更有落地性

图8-3　结合工作场景搭建文化共享机制的作用

5. 催化内部创业

企业部门与部门之间可以协同共享、企业与企业之间可以协同共享，其实企业与员工之间也可以实现协同共享，实现新的价值增长。企业与员工之间协同共享的方式很简单——催化内部创业。

什么是企业内部创业？是指企业支持有创意、有能力的员工承担企业内部某些业务内容或者工作项目，进行内部创业裂变，企业给予员工资金支持、分享管理运营经验，员工则与企业分享创业成果。

芬尼公司可以说是催化内部创业的先锋，它原本是一家传统制造型企业，主要生产中央热水系统等新能源设备。公司鼎盛时期，年产量超过10万台，产品远销欧洲。芬尼也一度没落，但从2005年开始发起内部创业，并最终借助内部创业成功转型。

芬尼的内部创业经历了两个阶段：

第一阶段：2005~2008年，目的是留住人才。2005年芬尼发起第一个项目，以攻克一个进口零部件为契机，鼓励企业的几个部门经理创业。经理们虽有迟疑，但在企业的全力支持下，新公司很快取得了成功并实现盈利。芬尼也通过这家新公司把几个部门经理牢牢与企业绑在了一起。新企业的成功激发了员工的积极性，自此，芬尼每年都会发起一个项目，鼓励大家创业。

第二阶段：2008年以后，助力公司转型。2008年的金融危机导致企业经营困难，为了渡过这个难关，芬尼决定把重心放在国内市场。芬尼看到了国内正在兴起的互联网，于是将转型策略定位为通过催化内部创业向互联网企业转型。

芬尼的催化内部创业方式总结如下：

根据员工投票选拔，公司举办比赛，每位员工自行组建团队参与竞选，第一轮提交创业计划给公司，公司评选后进入第二轮，并将胜出的方案展示出来，由员工进行投票。员工投票是用出资的形式，出资最多的方案胜出。芬尼的这种方式把创业团队的利益与新创公司的利益牢牢绑定到一起，参与投资的员工成为股东，芬尼也会在新创企业有困难时提供支持，实现企业内部资源的共享。

内部创业可提升企业的反脆弱能力

企业内部创业实质上就是在内部组成一系列的小公司，让这些小公司暴露在各种风险当中，加速它们的优胜劣汰。如此，反而给了企业用最小的成本进行试错的机会，而成功的项目则让企业提高了反脆弱能力。比如谷歌的中高级实验室就是内部创业平台，其中有不少项目都失败了，比如空间跃迁、太空电梯，但看似无关紧要的一个创业项目，却让谷歌获得了巨大的收益，它就是安卓系统，这个项目的成功，给了谷歌更大的抵御风险的底气。

内部创业要坚持多样性

有一项基于对中国企业 526 个样本的研究显示："在内部创业组合的项目差异性越大，企业的长期绩效与创新能力也就越高。"也就是说，企业可以通过多样性的创业项目去试错，这种试错成本低，一旦成功，回报则非常高。

有一家风险投资公司就是采取这种方式，取得了较高的回报，在其投资的 50 个项目中，25 个没有任何收益，15 个项目获得了微薄的收益，保证了投资不亏本，但有 10 个项目的回报在 10 倍以上，因此让风险投资整体上保持了较高的回报率。

用杠铃策略降低内部创业风险

创新往往伴随着不确定和风险，那些选择内部创业的企业，如何在保持核心业务稳定的同时，去开拓新领域，成为一个急需解决的难题。而杠铃策略可以帮助企业找到其中的平衡。企业可以通过杠铃策略来使试错风险降到最低，将 90% 的资源用于杠铃的一端持续发展现有技术和产品，将另外 10% 的资源放在杠铃的另一端进行试错。

杠铃策略的实施要考虑以下几点：

（1）明确企业的核心业务，把 90% 的资源放到核心业务上；

（2）确定内部创业的边界，把 10% 的资源放到边界范围内；

（3）建立独立的内部创业平台，参与的团队享有独立的决策权、预算与激励机制；

（4）采取小步快跑、快速迭代的方式去验证创业项目；

（5）建立风险隔离机制，为创业项目设立独立的法人、财务账户、管理团队，避免创业失败对企业的核心业务造成风险。

第九章

企业文化：从理念意识到行为习惯的塑造

为什么要塑造企业文化？企业文化塑造是领导者的深谋远虑，是他们看到了企业文化的巨大作用。如何塑造文化？只是打造价值观就能塑造文化？如果只是这么简单，大部分企业的企业文化就不会成为高挂于墙的标语。本章的内容就是探讨如何打造企业文化才能发挥它的影响力，如何从知道到做到，以及降本增效战略如何才能融到企业文化中。

1. 统一思想，建立鲜明的降本增效理念及行为规范体系

形成全员降本增效共识

事实证明，通过一系列科学的方法和工具，推动全员形成降本增效的共识，就能实现企业的整体优化和提升。

（1）更新观念。形成全员降本增效共识的首要任务是更新观念，树立全员参与的意识。企业领导层要率先垂范，通过宣讲、培训等方式，将降本增效的理念深植于每一位员工的心中。同时，要打破传统观念中"降本增效是管理层的事情"的误区，让员工认识到降本增效与自己息息相关，是每个人的责任。

（2）明确目标。在形成共识的过程中，明确目标和制订具体行动计划至关重要。企业应根据自身实际情况，设定清晰的降本增效目标，并通过目标分解、责任落实等方式，将目标层层传递到每一个部门和每一位员工。同时，制订详细的行动计划，明确时间节点、责任人和具体任务，确保每一个步骤都能够得到有效执行。

（3）强化培训。加强员工培训，提升员工技能水平，是形成全员降本增效共识的重要举措。企业应制订系统的培训计划，针对不同岗位和不同层次的员工，开展有针对性的培训活动，使员工掌握更多的专业知识和技能，提高工作效率和质量，为企业的降本增效贡献自己的力量。

（4）建立激励机制。建立科学合理的激励机制，是激发员工参与降本增效积极性的重要手段。企业根据员工的贡献和表现，给予相应的奖励和激励，不仅可以提高员工的满意度和忠诚度，还可以激发员工的创新精神

和创造力，为企业创造更多的价值。

建立降本增效的行为规范体系

企业建立降本增效的行为规范体系，关键在于以下几点：

（1）提高员工工作效率。制订日、周、月工作计划，严格按计划执行，培养员工良好的时间观念，杜绝拖延现象。同时，鼓励员工一专多能，加强跨部门培训和工作衔接，提升整体工作效率。此外，定期开展绩效辅导面谈，对员工工作成效进行评价，提出改进建议，进一步促进工作效能的提升。

（2）精简人才队伍。实施"五定"原则（定岗、定编、定责、定薪、定级），对岗位进行优化调整。严格控制招聘人员，对多余岗位进行精简，重要岗位实行竞争上岗。对无法胜任岗位工作的员工，给予相应处理，确保队伍精干高效。

（3）减少会议成本。通过减少会议数量、合并会议、提倡视频会议和短会等方式，降低会议成本。会议期间加强自律，减少不必要的开支，确保会议效率与成本控制并重。

（4）严格执行制度标准。减少不必要的出差，通过电话、微信等远程通信方式解决问题。出差前须向上级报告相关事宜，严格控制交通和住宿费用，优先选用低成本出行方式，严格执行公司规定的出差标准。

（5）控制应酬接待费用。接待需事先请示，控制接待标准和陪客人数。接待用品需提前申请，报销需提供相关凭证。禁止报销非公务活动的接待费用，如需赠送礼品，需提前申请并经批准。

（6）规范使用办公用品。推行无纸化办公，减少文件打印，确需打印时提倡合理排版、正反打印。办公用品统一管理，按需申领，避免浪费。

（7）节约用电和用水。加强用水用电管理，定期检查宿舍、办公楼用水用电情况，对浪费现象给予处罚。正常工作时间，尽量采用自然光照明，合理使用空调等设备。

（8）加强食堂管理。每日检查食堂剩饭剩菜情况，制止浪费行为。出台食堂管理办法，细化要求，确保食材、煤气、餐具等采购和使用过程中的节约。

（9）合理调度车辆。提高车辆使用率，合理安排出差乘车。严格执行私车公用报销制度，禁止公车私用。加强车辆管理，确保车辆停放安全有序。

（10）及时盘点库存。及时盘点登记库存物资，明确使用时间和事由。加强库存管理，防止物资受损。

同时，还要强化督查考核。

（1）成立领导小组。成立降成本督查小组，负责监督、检查各部门工作并推动成本控制计划的执行。每月通报和奖罚，确保各项措施得到有效落实。

（2）签订责任状。各部门负责人签订责任状，将月度工资的10%用于成本考核。达到目标要求的予以返还，未达目标要求的扣发相应工资，确保成本控制责任到人。

（3）财务严格监督。财务部严格审核每一张发票和单项报销事由，对违规谋取不当利益的报销行为给予严厉处罚。定期审查抽查各部门和员工报销情况，确保财务纪律严明。

（4）营造降本增效氛围。通过定期召开员工大会、举办有奖知识竞赛、开展"成本节约月"活动等方式，多维度宣传成本观念，营造浓厚的降本增效氛围。

2. 把降本增效理念及行为规范融入企业文化

企业文化是指一家企业在长期生产经营活动中所形成的，并被全体员工普遍认可及遵循的具有自身特色价值观、愿景、目标、使命、信仰、行为准则、思维方式的综合。它是企业的灵魂，对企业的经营管理及员工行为有着重要的影响。

为什么要打造企业文化

每个企业都有自己的企业文化，也一直在加强这方面的宣传工作。比如腾讯，把企业文化作为重中之重。腾讯内部每年都会进行满意度调研，文化是核心指标之一。且这个指标通常都得 80 多分，比平均分高出 20 多分。这代表腾讯全体员工对腾讯文化的高度认同。

为什么腾讯这样的大企业会如此重视企业文化？企业文化的价值具体在哪儿？

（1）增强企业凝聚力。共同的价值观与行为规范能够激发员工的归属感与认同感，让员工从思想到行动都能一致，形成强大的团队合力。这种合力，有助于企业应对外部挑战与内部冲突，保持企业的稳定与高效运作。

（2）指导企业发展战略。企业战略决策的重要依据之一就是企业文化，它能保证企业在面对各种诱惑时，始终沿着既定的目标前进。

（3）有效提升品牌形象。有清晰、积极、独特的企业文化，能增强品牌的辨识度、美誉度及忠诚度，最终提升企业在市场中的竞争力。

（4）激励及约束员工。包容、开放的企业文化能够激发员工的积极性与创造力，为企业源源不断地创造新的产品、好的方法。同时，企业文化中的行为准则与道德规范对员工的行为具有约束作用，有助于维护企业的正常秩序与良好形象。

（5）企业长青的基础。企业文化是企业历史沉淀和精神传承的重要载体，一家能基业长青的企业，必然有优秀的文化做支撑。企业文化可以通过代代相传的方式，将企业的优良传统及核心价值观传给新员工及后代管理者，让企业可以长期稳定地经营下去。

为什么要把降本增效融入企业文化

将降本增效战略融入企业文化，不仅是对企业降本增效战略的深化，也是推动企业持续健康发展、提升核心竞争力的关键举措。因为企业文化是企业的灵魂，它通过共同的价值观、使命、愿景来激励有能力的员工。因此，如果降本增效也成为企业文化的一部分，就意味着员工都会将之作为企业发展的重要目标，在工作的每一个时刻都能考虑到"如何做才能降本增效，下一步该怎么做才能将降本增效做得更好"，自发地且积极地参与到降本增效的行动中来。

比如小米的企业文化，虽然没有明确地将降本增效列入其中，但它的很多理念都体现了这一点。比如它追求极致的工作效率，通过优化流程、提升团队协作能力，以确保自己在快节奏的市场环境中保持领先地位；比如打造扁平化的组织结构，减少管理层级，使决策速度能够跟上市场变化。

3. 体系搭建：使命、价值观、愿景、精神、亚文化

2024年，京东集团宣布：京东下一步的发展计划是进行企业文化升级，企业将由"技术为本，致力于更高效和可持续的世界"变更为"技术为本，让生活更美好"；核心价值观由"客户为先、诚信、协作、感恩、拼搏、担当"变更为"客户为先、创新、拼搏、担当、感恩、诚信"。

实际上，这已不是京东企业文化的第一次升级，每一次的升级都将带动京东树立新的里程碑。京东的整个发展过程，价值观与京东的战略、使命与愿景的匹配不可忽视，也正是这种匹配和恰到好处的升级，才造就了如今的京东。

那么，我们应该如何建立如京东一样能帮助企业发展的企业文化呢？首先要找到正确的企业文化体系构成要素，打牢基础。

要素一：使命

使命是指企业在社会经济活动中应承担的角色与责任，也是企业存在

的根本理由和目的，回答了企业"为什么而存在"的问题。崇高、明确的使命可以为企业指明发展方向，还能使企业员工明确工作的意义，让员工更有积极性地工作。

要素二：价值观

价值观是企业对某个时间或某种行为好与坏、善与恶、正确与错误、是否值得效仿的一致认识。统一的价值观可以让企业成员在判断自己的行为时具有统一标准，并采取一致的行动。企业价值观在内容上包含了企业核心价值观、管理理念、人才理念等。

比如阿里巴巴的价值观：

（1）客户第一，员工第二，股东第三。

（2）因为信任，所以简单。

（3）唯一不变的是变化。

（4）今天最好的表现，是明天最低的要求。

（5）此时此刻，非我莫属。

（6）认真生活，快乐工作。

这些价值观不仅指导着阿里巴巴的日常运营及管理，也为其赢得了广泛的社会认可与尊重。

要素三：愿景

愿景是指企业对自己在未来所能达到的一种状态的设计蓝图，也即企业期待达成的长期目标、未来成就，它回答了企业"到哪里去，目标是什么"的问题。一个富有吸引力的愿景，能够凝聚人心，激发团队的创造力与执行力。

比如阿里巴巴的愿景：

（1）成为一家持续发展102年的公司。

（2）成为全球最大的电子商务服务提供商。

（3）成为全球最佳雇主。

在这种愿景的驱使下，阿里巴巴完成了成为全球最大的电子商务服务提供商的目标；在发展的过程中，努力地完善企业制度，在员工为企业奉献的同时，企业也在充分满足员工的需求，让员工和企业一起为基业长青而努力。

要素四：精神

精神是指企业基于自身特定的性质、任务、宗旨、发展方向、时代环境等各种相关因素，经过精心培养而形成的企业整体精神风貌。它体现了企业的独特气质和品质，以价值观为基础、以价值目标为动力，包含了创新精神、拼搏精神、团队精神，对企业的经营哲学、管理、形象有着决定性的作用。

要素五：亚文化

在复杂多变的企业内部环境中，企业文化的构成是复杂多样的，它包含了一系列的亚文化。这些亚文化在企业文化中也与愿景、价值观、精神、使命一样扮演着重要的角色，共同构成了企业文化的丰富内涵，促进了企业的多样性与包容性。

4. 认知塑造：核心层、制度层、行为层、物质层

华为为什么成功？因为它的企业文化受到了内外部的一致认同。所以，进入华为工作的每一个人都会因为受其文化影响而努力奋斗，而企业外部也因受到华为文化带来的价值而对其大加肯定。华为的企业文化能做到这一点是因为它塑造了大家对华为的企业文化认知。

企业文化的塑造是系统的工程，它包含了全方位的构建。企业文化搭建很容易，但得到企业上下一致的认同，并获得外界的认可，是一件非常

困难的事情。因此，在塑造企业文化时，首先要从认知塑造入手。那么，如何塑造企业文化认知呢？

核心层：企业文化认知塑造的支撑

塑造企业文化认知，首先要从核心层入手。核心层包含了企业愿景、企业价值观、企业使命、企业精神、企业亚文化。

为什么要从核心层来塑造企业文化认知？因为核心层不仅定义了企业的本质与方向，还对企业的制度设计、行为模式有着深刻影响。因此，从核心层塑造企业文化认知，是保证企业文化能够深入人心、持续传承并有效指导实践的前提条件。

所以，如果想要降本增效成为企业文化的一部分，就要从核心层开始奠定降本增效的文化基因。当降本增效成为企业愿景、价值观、使命、精神、亚文化的重要组成部分时，企业文化的根基自然也包含了降本增效，如此，企业就能够清晰地界定自己的身份和角色，从而在激烈的市场竞争中保持初心，不盲目扩张、不制造浪费，始终坚持降本增效的发展道路。

制度层：有规矩才能成方圆

为什么大多数企业的企业文化越走越偏？是因为大多数人认为的企业文化只是一句口号、一纸空文，对自己没什么影响，对工作也没什么帮助。因此，要想让员工真正地认同企业文化，就要从制度上入手，正所谓"无规矩不成方圆"，要让员工知道按照制度规定去执行企业文化。

图9-1　制度层的组成

行为层：说得好不如做得好

只有将高挂在墙上的"企业文化"落实到具体的行为上，企业文化才能发挥出应有的效果。行为层的内容包含组织行为、管理行为、员工行为。

（1）组织行为：就是明确企业价值观，然后建立健全的制度体系，让企业文化在制度层面得到体现，确保企业行为与企业文化的一致。同时，完善企业激励机制，对践行企业文化的行为给予奖励，对违反企业文化的行为进行处罚。

（2）管理行为：是指企业要将企业文化融入管理流程，使企业文化在管理中得到体现。比如制定与企业文化相符的管理制度，在决策时充分考虑到企业文化因素。同时，企业管理层要成为企业文化的传播者与践行者，率先垂范，以身作则。

（3）员工行为：加强企业文化宣传，让员工认识到企业文化对个人及企业的重要性，同时开展相关培训，使其具备践行企业文化的能力，制定明确的员工行为规范，使其落实到员工的具体行动中。

物质层：无处不在的企业文化宣传

企业通过物质层的巩固去落地核心层、制度层、行为层的目标，让人无时无刻不感受企业文化氛围。比如企业标识、企业的报纸刊物、企业的广告、企业的产品外包装，甚至是企业的建筑都要符合并宣传企业文化。具体可参考以下操作方式：

（1）企业标识是企业文化的重要载体，在充分考虑企业的历史、行业特点的基础上设计具有企业文化的标识。

（2）企业内部的报纸刊物是企业文化的传播平台，定期出版与企业文化相关的报纸刊物。利用好网络平台与社交平台，发布与企业文化相关的内容及视频，扩大企业文化的影响力。

（3）结合企业文化，策划具有创意的广告内容，使员工快速提升对企业文化的认知。

5. 分析提炼：调研后使降本增效成为企业文化的关键词

我们一再强调，要把降本增效融入企业文化，也确实有不少企业做到了这一点，但失败者也不在少数。

为什么会失败？可能是因为企业管理层"拍桌子决定"，没有进行深度的调查研究，所以才会流于形式、没有重点、走马观花……

调研提炼关键词的步骤

如何确定降本增效是企业文化的关键词，可以参照以下提炼步骤：

第一步：明确调研的目标。回答好为什么要将降本增效确定为企业文化的关键词。比如因为市场竞争激烈，企业要保证平衡收支，提升利润点。

第二步：明确分析的意义。分析降本增效对企业发展、市场竞争、员工成长等方面有哪些积极的作用。

第三步：设计调研方案。内容主要如下（见图9-2）。

第四步：执行调研方案。一是进行企业内部调研，分析企业过往营收与纯利润的比例，分析是否存在浪费；二是进行外部调研，市场竞争情况、行业天花板距离，企业是否还享有红利，同类企业是否已经开始将降本增效策略作为企业文化；三是通过问卷调查、面对面访谈、座谈会等方式，来了解人们对降本增效成为企业文化的看法，以及以哪些方面为切入点。

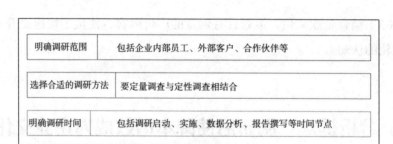

图9-2 调研方案的主要内容

第五步：进行数据分析。调研结束后，对数据进行整理并清洗，剔除无效、错误的数据，确保分析结果的准确性，最后再采用相关分析方法，归纳出与降本增效相关的关键词。具体的分析方法有描述性统计分析、相关性分析、主题分析、案例分析等。

第六步：提炼关键词。降本增效是一个大的战略，企业文化如果直接以降本增效为主题，必然如空中楼阁，因此需要从归纳出的相关关键词中找到最佳的切入点。先筛选出最佳的相关关键词，然后邀请企业文化建设专家、企业高层、降本增效战略负责团队对初步筛选的关键词进行论证，根据论证结果对关键词进行修订及完善。

根据关键词制定企业文化实施方案

精益生产是丰田最为著名的企业文化之一，丰田公司强调：对生产要以精简为手段，追求低成本；对产品，要以零缺陷为最终目标，追求高质量。为什么丰田会把精益生产作为企业文化的关键词？因为它通过了严谨的调研分析并确定了企业的经营宗旨。更为重要的是，它不仅仅是把这句话作为随时提醒自己的宣传语，更是以此为目标采取了一系列具体而细致的方法与策略。

现在就来看看丰田公司是如何做的。

方式一：优化价值流。丰田会通过价值流图分析、识别并消除生产过程中如等待、运输、过度加工、库存积压等环节所产生的浪费。这一行为并不仅限于生产线，还包括原材料采购、产品设计、销售与配送等整个价值流上的所有非增值环节。

方式二：持续改进生产过程。丰田采取了一系列的激励措施，鼓励全体员工加入到生产改进活动中，每个员工都是问题的解决者，通过小改进来积累大成效。

方式三：标准化生产。为确保高质量生产，丰田制定了详细的作业指导与操作规程，进行标准化作业，减少人为错误。

方式四：即时生产。通过精准控制原材料与零部件的供应，实现按需生产，将库存积压风险降至最低，从而有效降低生产成本。

方式五：全面质量管理。这是丰田企业文化的重要组成部分，它要求全员都要参与质量管理，引进了自动化、即时生产两大支柱，建立了严格的品质管理体系。

企业文化不是空洞的口号和冰冷的通知，要将之化为企业的实际行动，才能成为企业内部的灵魂和动力源泉，为推动企业可持续发展发挥作用，为企业的发展提供全方位的支撑与保障。

6. 落地执行：培训加宣传，双管齐下

优秀的企业文化能够凝聚人心、激发潜能、提升企业信心，为企业持续发展提供强大的动力。企业文化强调"降本增效，要精益生产，消除浪费"，但有的企业从管理层到一线员工都没有这样的意识和行为。为什么会出现这种情况？本质原因就是企业文化执行不到位，没有真正落地。若要避免这种情况，充分发挥企业文化的作用，需要双管齐下，做好企业文化宣传的同时，注重企业文化的培训。

做好宣传让企业文化进入员工心智

在企业文化落地的过程中，宣传至关重要。对外，企业文化宣传有助

于树立良好的企业形象，在向外界展示自己的核心价值观、经营理念、发展成就的同时，提升企业的知名度与美誉度，使公众对企业产生认同感；对内，企业文化宣传可以提升员工对企业文化的认可，在理解企业文化的同时将其融入到自己的日常工作环节中，增强员工归属感。

企业文化宣传的渠道和方法多种多样，可选择最适合自己的一种。

比如海尔，它的企业文化宣传方式之一，就是领导者亲力亲为。海尔总裁张瑞敏称自己是海尔的首席文化官，不仅设计文化，还传播文化、诠释文化、创新文化。张瑞敏除了在大会上不断讲企业文化，还会通过与员工沟通去强调企业文化。

虽然每个企业都有自己宣传企业文化的方式，但总归有个大方向，各企业应在遵循这个大方向的基础上，打造自己的宣传独特性。

第一步：确立宣传目标。企业应根据自身发展战略，明确企业文化宣传的目标。宣传目标须达到以下三个标准（见图9-3），才能确保宣传工作的有效开展。

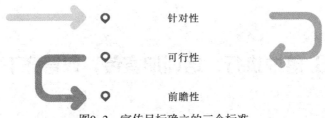

针对性

可行性

前瞻性

图9-3 宣传目标确立的三个标准

第二步：精准定位宣传内容。企业文化宣传的内容要围绕企业核心价值观、发展历程、企业精神、企业使命、企业愿景展开，突出企业文化的核心特色。比如以降本增效为主题，那么企业文化宣传的内容就要贴紧它。

第三步：创新宣传方式。在做文化宣传时，企业在保留传统宣传方式的同时，也可以寻找更适合自己的、更新的宣传方式（见图9-4）。比如可通过故事、漫画、微电影等多种形式来展现企业文化，提高员工的参与度与认同感。

图9-4　创新宣传方式

第四步：融入日常管理。正所谓润物细无声，企业文化宣传应融入到企业日常管理当中，比如将员工入职培训、绩效考核、晋升选拔等环节纳入企业文化的宣传中，让员工能在日常的工作中践行企业文化。

第五步：建立评估反馈机制。企业应对宣传效果进行定期检查与评估，广泛收集员工对企业文化宣传的意见与建议，根据评估结果及反馈优化宣传措施。

培训是企业文化落地的关键

培训工作做得越全面系统，员工对企业文化的认知与认同感就越高，而且会直接反馈到员工的日常行为中，他们会在工作时不自觉地践行企业文化。

但具体该如何培训呢？我们可以先来看看海尔的做法。

海尔集团自创建以来就一直把培训工作放在首位，不仅有各种实战技能的培训，还包括了各种企业文化的培训。为了更好地对员工进行企业文化培训，海尔建立了完善的培训软环境。

在内部，海尔建立起了内部培训师网络，挖掘有能力授课的员工，并对所有可以授课的员工进行教师资格认定，让其可以持证上岗；在外部，海尔邀请行业大咖合作，建立了可以随时调用的师资队伍。

海尔还专门建立了用于内部员工培训的基地——海尔大学，高层管理人员必须定期到海尔大学授课，并将这一条列为职务升迁考评的标准。为了保证培训效果，海尔大学每月都会对各部门的培训效果进行动态考核。

为了能让员工全面了解企业文化，海尔设计了系统的课程，课程内容包含企业文化逻辑、企业文化内涵、企业文化基础知识、核心理念体系、企业文化典型案例（故事）、企业历史与荣誉、企业成果……

在这种完善且系统的培训机制下，海尔文化深入每位海尔员工的心中，使其自愿自觉地践行并捍卫海尔的企业文化。

海尔的企业文化培训值得我们学习。在进行企业文化培训时应遵守以下原则。

（1）易学习。要把抽象的文化价值理念通过通俗易懂的方式展示出来。

（2）强关联。把握不同培训对象的需求，分析员工关注的企业文化焦点问题。

（3）可应用。企业文化的培训内容应与具体的业务场景、员工的日常工作有一定的关联度，如此才能保证员工在工作中实践企业文化。

（4）强内容。在培训内容上，要做到全面、完整、有针对性。

表9-1　企业文化培训效果评估表

评估项目	评价指标	评价结果
课程设计	培训目标明确	非常满意（5分） 比较满意（4分） 一般（3分） 不太满意（2分） 非常不满意（1分）
	内容专业丰富	
	结构合理	
	对工作的适用性	
	对个人知识和技能的提升	
	课程时间安排	

评估项目	评价指标	评价结果
教学服务	课程通知发布及时清楚	非常满意（5分） 比较满意（4分） 一般（3分） 不太满意（2分） 非常不满意（1分）
	教材资料准备、装订质量	
	教学用品准备	
	课堂及日常纪律管理	
	现场主持及现场服务	
	老师与学员的教学需求回应	
	教学服务流程化、标准化	
后勤服务	餐饮、住宿安排	非常满意（5分） 比较满意（4分） 一般（3分） 不太满意（2分） 非常不满意（1分）
	接待	
	服务态度	
	服务质量	
培训环境	地点	非常满意（5分） 比较满意（4分） 一般（3分） 不太满意（2分） 非常不满意（1分）
	教室摆设及会场布置	
	硬件设备	

附：金信基金企业文化建设方案

良好的行业文化和职业操守是一个企业、行业持续健康发展的根基。为进一步加快金信基金管理有限公司企业文化建设、优化公司发展生态，提升公司软实力和核心竞争力，推动形成"合规、诚信、专业、稳健"的企业文化，结合相关法律法规及金信基金管理有限公司（以下简称"我司"）实际情况，制定《金信基金企业文化建设方案》（下称"方案"）：

一、方案目标

本方案着力于推动公司形成"合规、诚信、专业、稳健"的，具有金信基金自身特色，着眼长久发展的企业文化，以提升企业活力，适应新时代"规范、透明、开放、有活力、有韧性"的资本市场对公募基金公司的目标定位和要求。

合规：主要包括业务运作严格遵规守纪，将投资者利益放在首位；也包括强化员工日常工作、生活遵守法律法规，做遵纪守法的好公民。

诚信：既包括对投资者的诚信，也包括对社会、对他人的诚信。金信基金要做让投资人放心的基金公司；金信人要成为值得信赖的人。

专业：包括专业能力、专业态度、专业流程等，金信基金要以专业精神、专业投资，为投资者持续创造价值。

稳健：追求为投资者获取持续稳健收益，不追求短期的大起大落；同时也包括公司运作稳健，让公司成为员工值得信赖的雇主。

通过持续的文化建设，让金信基金成为让投资人放心、让员工安心、让股东满意，有社会责任、有良好声誉的财富管理机构。

二、实施方案

根据证券基金经营机构要"合规、诚信、专业、稳健"的目标要求，公司将查找分析在文化建设方面存在的问题和差距，精准发力，有针对性地开展宣传教育培训，建设完善制度机制，具体方案包括：

（一）强化领导，完善企业文化建设的组织领导架构

我司将科学配置企业文化建设资源，建立和完善企业文化建设管理组织架构，从岗位安排、职责权限、工作流程、管理措施、报告路线、监督评价等各方面完善企业文化建设的组织架构，形成由一把手亲自抓，全员联动的企业文化建设格局。

（二）建章立制，构建企业文化建设制度

为扎实做好企业文化建设，我司将根据中国证监会、深圳证监局、深圳证券业协会、深圳证券基金业协会等的相关指示精神，借鉴行业先进经验，结合自身实际情况，构建企业文化建设相关制度。

（三）精准发力，把准企业文化建设关键方向

一是加强职业道德教育。结合业务发展实际，我司将注重精神引领和文化引导，把"合规、诚信、专业、稳健"的理念和要求融入经营管理的全过程，教育引导员工树立正确的世界观、价值观和利益观，在各项业

务、各个环节中体现合规能力、诚信精神、专业水平和稳健意识。

尤其是针对新员工和日益增多的 90 后员工，用他们愿意接受的方式加强相应的教育培训，让职业道德教育不流于形式。

二是完善内部控制机制。把企业的价值理念制度化、规范化，建立健全企业内部管理制度。推动合规风控体系各业务链条、各组织架构全覆盖；通过分段授权、分离制衡、流程跟踪、定期轮岗、通信监控、视频录像等手段加强管理。加强公司治理，充分发挥监事会、内审稽核、风控合规的监督制衡作用。

三是优化激励约束机制。通过设立单项业务风险准备金、员工持股计划等方式，建立长效激励约束机制，减少激励短期化、短视化，让我司发展与员工发展同步，形成着眼长久的约束激励机制。加强正面引导，设立员工素质提升专项经费，鼓励员工参加职业道德相关培训，对职业道德突出的先进员工予以专项奖励。

四是积极履行社会责任。为客户负责，增强投资者风险意识和"买者自负"的投资理财理念，确保"投资有风险""高收益高风险"的观念深入人心，主动远离"赚快钱""赚大钱""炒消息""走捷径"的想法。根据企业自身情况，积极参加扶贫帮困等社会公益活动。

三、实施步骤（分时间节点完成）

2019 年 8 月至 2021 年 12 月为行业文化基础建设期。在这个阶段，我司将针对问题，精准发力，积极探索，充分发挥主观能动性，形成规范配套、有效适用的文化体系，努力实现公司形象和社会声誉的大幅改善。

（一）企业文化建设倡导期

工作重点包括：一是成立主要负责人牵头的专门机构，加强对企业文化建设的组织领导；二是结合行业要求和自身特点，研究提出自己的企业文化理念，制定文化建设配套制度和改进计划，向证券业协会、证券投资基金业协会报送，并向社会公布；三是充分利用我司网站、营业场所等宣传企业文化理念。

（二）企业文化建设方案落地期

我司将重点推进以下工作：一是基本形成与企业文化建设目标相适应的制度和机制，重点部门、关键岗位得到有效管理和监督制衡，员工持股计划等长效激励机制逐步建立，形成"不能为"的局面。二是把好"入口关"，新员工凡进必查，除学历资质外，做好失信记录、奖惩情况等背景调查；守住"出口关"，凡离必查，除离任审计和公示离职信息外，要客观如实填写员工勤勉尽职、职业操守等情况报送协会。三是自2020年起每年提取一定比例的营业收入作为文化建设专项经费，用于培训、奖优、宣传等文化建设活动。

（三）文化建设全面推进期

我司将通过常态化的宣传、教育、惩戒，推动从业人员普遍树立"以诚信为荣、以失信为耻"的职业道德观念，严控违法失信行为，形成"不想为"的局面。

2022年及以后，我司将根据具体情况，不断强化巩固文化建设成果，及时评估存在的不足，并根据时代特征调整完善相关目标、措施，推动文化建设持续前进。

四、组织保障

为了能扎实推进企业文化的建设，我司特成立企业文化建设推动小组，组长由一把手担任，结合机构自身特点，有针对性地制定活动实施方案。

附　录

XXX公司提升管理、开源节流、降本增效模拟实施方案

为落实公司开源节流、降本增效文件精神，进一步提高创新管理能力，切实规范生产运行机制，有效解决管理薄弱环节，实现经济效益最大化，公司分别组织召开了公司级、部门级、班组级"提升管理、开源节流、降本增效"活动会议，将开源节流、降本增效的理念贯穿至全员、全过程，并进行了认真讨论分析，制定出以下实施方案。

一、指导思想

公司降本增效活动主题为"提升精细化管理，开源节流，持续低成本运营"。努力提升管理，降本增效，进行"全员、全方位、全流程"管理创新，不断优化经营管理体系和流程，开展生产技术攻关，破解生产技术难题。以完善公司各项管理制度为切入点，制定成本费定额标准；以各部门、各专业技术小组工作为载体，细化分解降本增效的指标、任务；以突出成本效益为原则，处理好成本与安全、成本与效益、成本与效率、成本与环境、成本与发展的关系，以成本费用节约为重点，做好开源节流、降本增效工作；加强降本增效的宣传，增强全员降本增效的意识，切实促进经营效益的实现和提高。

二、目标

以公司活动总体方案的工作部署为指导，牢固树立成本管理意识，以成本要素为突破口，查摆在工艺管理、现场管理、成本费用管理等方面存在的问题，苦练内功，着力解决影响公司效益的问题。同时，夯实成本基础，完善定额体系，建立长效机制。通过活动提高公司生产运营规范化、标准化、精细化管理水平，提高运营效率、降低生产成本、增加经济效益，实现"提升管理、开源节流、降本增效"的目标。

三、组织机构

（一）成立领导小组

组　长：×××

副组长：×××

成　员：×××

领导小组下设办公室，组成人员如下：

主　任：×××

副主任：×××

成　员：××× ××× ××× ××× ××× ××× ××× ×××
××× ×× ×××

（二）职责

1.领导小组办公室负责全面组织"提升管理、开源节流、降本增效"专项活动的开展；确定指导思想和方案；审定重大节能技术改造、安全环保改造项目，落实资金保障；建立健全对标抓落实长效机制，建立全覆盖、全过程、全方位、全参与的工作格局；健全和完善协作交流推广的工作机制；建立活动质量检查评价标准，对活动效果进行评估。

2.各部门负责人为本次活动的第一责任人，各部门、各专业技术小组要组织本部门、本小组的全体成员，积极参与到活动之中，制定和分解具体任务指标，落实措施。

（三）工作内容

活动具体实施部门为各对应成本费用发生的职能部门和生产单位，由资产财务部作为牵头部门，人力部、企管部、生产部、财务部分别对职工薪酬及劳动定额、降本增效目标考核通报及检查、费用控制及成本要素分析、生产系统管理及作业成本控制，组织开展降本增效的具体工作，查问题，审核各部门的降本增效方案，确保降本增效目标，企管部落实检查、按月通报。

各部门具体职责分工见表9-3。

表9-3 各部门具体职责分工

部门	管理项目	内容
人力资源部	职工薪酬	定岗定员，详细分解职工薪酬总额
企管部	目标考核	对各部门制定目标进行考核
资产财务部	费用控制	资金成本控制；分析成本费用完成情况，查找问题，提交整改报告
物资供应部	材料控制	采购成本、库存、定额发放，办公用品、劳保用品的发放控制
设备能源部	设备运行控制	备件采购成本、库存量、采购质量、设备大修成本分析、技术改造成本分析，发出备件的控制
生产计划部	生产成本控制	生产管理；作业成本控制
地质资源部	探矿投资管理	探矿投资的成本控制

四、活动步骤

公司降本增效活动分四个阶段进行，具体安排如下：

第一阶段，宣传动员阶段（×月×日至×月×日）

第二阶段，调研分析阶段（×月×日至×月×日）

第三阶段，督促落实阶段（×月×日至×月×日）

第四阶段，总结提高阶段（×月×日至×月×日）

五、工作要求

（一）加强领导

各部门要加强对此项活动的组织领导，周密安排，狠抓落实，大力协同，把降本增效的各项具体措施落实在各项工作中。

（二）加大宣传教育

通过网络宣传、研讨会等形式，加大宣传力度，提倡节约、反对浪费，降本增效，实现全员统一认识。

（三）督促检查

及时了解活动的开展情况，对活动中暴露的问题、难点，采取有效的措施予以纠正，使该项活动达到预期的目标。

六、2024 年降本增效目标

以 2024 年全面预算为基础，全方位地在原有的消耗定额、定岗、定员的基础上，进行全面的修改、完善、补充、精细化，实行全员考核，提高劳动效率，夯实管理基础，提升精细化管理，明确目标，划分责任，细化措施，力争完成预算利润总额增长 N% 即 ××× 万元。

七、降本增效目标的分解落实

依据本企业的降本增效总体目标，根据指标按归口管理的原则，将责任中心划分到最小单位，进行分解落实。

目标落实力争 ××× 万元，确保目标 ××× 万元。

（一）降本增效方面

分配各部门的目标，请各部门积极落实，具体细化措施、方案，将方案报降本增效办公室。各部门目标分解如下：

1. 生产计划部：优化设计、降低采切比，加强施工费用的控制，加强施工现场管理，提高工程质量，减少可修工程，达到降本增效目的。降本增效目标：力争实现 ×× 万元，确保实现 ×× 万元。

2. 一矿：加强现场施工管理，提高施工效率及劳动生产率。优化供矿管理，提高供矿质量；细化掘进作业项目，定额、限额材料使用，对超出限额的进行详细分析控制，达到精细化管理水平；加强设备维护，特别是井下矿车维护，提高设备运转率，加强大修的质量监督，提高使用寿命；加强修废利旧，加强通风管理，优化通风模式，细化照明管理，达到降本增效目的。降本增效目标：力争实现 ××× 万元；确保实现 ××× 万元。

3. 调度室：加大现场监督检查管理，优化生产调度，提高供矿质量，控制公司承担的材料、设备投入，细化设备管理流程，提高使用效率，优化通风模式，控制电力消耗，控制材料领用，达到降本增效的目的。降本增效目标：力争实现 ××× 万元，确保实现 ××× 万元。

4. 选矿部：提高处理量，细化作业项目定额、限额材料，进一步完善定额体系，加强设备管理制度，科学改造电器设备，提高使用效率，科学技术改造，提高尾矿回收。降本增效目标：力争实现×××万元，确保实现×××万元。

5. 物资供应部：把好物资"采购、入库、使用、报废"四关，做到物材去向明、尽其用。一要严格执行采购计划，从采购的源头对质量、性能、价格进行把关，实现质优价廉，杜绝临时性采购和无计划采购行为。二要严格物资领用手续，控制发放量；控制库存，由计划价向实际价额转变。降本增效目标：力争节约采购成本×××万元，确保完成×××万元。

6. 设备能源部：加强节能降耗管理，加强用水、用电管理，杜绝长流水、长明灯，制定管理责任，优化管理水平。降本增效目标：力争节约×××万元。

7. 地质资源部：以科技手段优化探矿规划，严格控制探矿成本，力争节约成本×××万元，确保节约成本×××万元。

8. 计质计量部：做好计量检测工作，准确核算。一要加大风、水、电、矿、产品、材料等计量检测力度；二要对公司计量工作实行统一监督管理，严格考核内容和计量标准；三要提高计量管理人员和操作人员的技术素质；四要采用电子皮带秤等器具，减少误差，杜绝跑、冒、滴、漏。降本增效目标：力争节能降耗××万元，确保节能降耗××万元。

9. 安环部：控制安全指标达到国家一级要求，细化劳动保护用品的发放、体检费的标准、培训费使用、安全费使用细则，加强安全管控，加强现场安全监督管理。降本增效目标：力争实现×××万元，确保实现×××万元。

10. 后勤福利部：加强对菜品的采购管理，货比三家，扩大定点采购的价格优势，损耗细化控制。降本增效目标：力争实现×××万元，确保实现×××万元。

11. 行政部：加强办公用品管理，倡导节能环保，进行定额管理；控制招待标准，杜绝浪费；加强信息化、无纸化办公；加强使用车辆管理、运行成本管理、维护成本管理。降本增效目标：力争实现×××万元，确保实现×××万元。

12. 财务部：对项目部每月支出严格控制，按照财务制度严格审核、层层把关，并在月末负责整理"项目费用支出对比明细分析表"。认真落实财务预算、财务审批、财务分析、财务审计等管理制度，形成有效的管理、控制、运作；努力落实事前预算、过程控制、年终考核相结合的管理过程，确保财务收支实现全过程、全要素控制和重要财务收支项目的重点控制；对其管理的指标定期分析，精打细算，管好家，用好钱，理好财，积极构建节约型财务运作环境。降本增效目标：力争实现×××万元，确保实现×××万元。

13. 审计监察部：加强效能监察制度，加强执行力度，使效能监察落到实处，力争降本增效目标×万元，确保完成×万元。

14. 人力资源部：加强定岗定员管理，加强职工技能培训，提高工作效率，控制出差。降本增效目标：力争实现×××万元，确保实现×××万元。

15. 保卫处：加强本部门能源节约，严格履行部门职责，加强保卫工作，杜绝浪费；保护财产不受损失，加强安全巡逻。降本增效目标：力争实现×××万元，确保实现×××万元。

16. 基建办：加强施工设计方案优化、创新，选择优质材料，达到降本增效目的。降本增效目标：力争实现×××万元，确保完成×××万元。

17. 企管部：完善绩效考核体系，加大奖惩办法，确保指标的落实。降本增效目标：力争实现×××万元，确保实现×××万元。

18. 党群工作部：大力宣传，统一思想，为项目营造节约氛围。通过横幅标语、党团组织活动等，广泛宣传、教育、动员，统一思想，进一步增强节约意识，积极倡导节俭文明的生产生活方式，将"厉行节约、反对浪费"的理念根植于员工心中，体现在每个员工平时的行为举止当中，促进员工自觉养成节约一度电、一滴水、一滴油、一件办公用品的良好习惯，自觉做节约资源的表率和模范，在公司上下形成"节约资源、人人有责"的环境。降本增效目标：力争实现×××万元，确保实现×××万元。

（二）开源节流方面

在降低成本的同时，积极开源增收，生产部多想办法，协同矿山部，降低贫化率，尽力提高处理品位，提高磨矿处理的效率；选矿部堵塞跑、漏，多回收金子，以增加收入；设备能源部提高设备的运转率，保持设备的科学、有效运转。力争多增收入×××万元。

请各部门将降本指标细化到各个环节，如动力在哪个环节，采取的措施，达到的目标，材料降耗落实到哪个工段、哪种材料上等，公司将组织对各部门上交的方案进行审核，根据考核对节能效果给予奖惩。

2024 年 × 月 × 日